SEAN CONNERY

SEAN CONNERY

WALLACE & DAVIS

EDIMAT LIBROS
Ediciones y Distribuciones Mateos

Calle Primavera, 35
Polígono Industrial El Malvar
28500 Arganda del Rey
MADRID-ESPAÑA

Copyright © EDIMAT LIBROS, S. A.

Reservados todos los derechos. El contenido de esta obra está protegido por la Ley, que establece penas de prisión y/o multas, además de las correspondientes indemnizaciones por daños y perjuicios, para quienes reprodujeren, plagiaren, distribuyeren o comunicaren públicamente, en todo o en parte, una obra literaria, artística o científica, o su transformación, interpretación o ejecución artística fijada en cualquier tipo de soporte o comunicada a través de cualquier medio, sin la preceptiva autorización.

ISBN: 84-8403-050-4
Depósito legal: M. 12639-1998

Autor: Wallce & Davis
Diseño de cubierta: Diseño y Síntesis
Impreso en: BROSMAC

EDMCINSC
Sean Connery

IMPRESO EN ESPAÑA-PRINTED IN SPAIN

SEAN CONNERY

Todo lo que se publica sobre Sean es bueno, no hay críticas despiadadas contra él, y hasta su vida particular, con divorcio incluido, no es objeto de repudio. Por fin hemos encontrado a un actor que no es carnaza para la prensa amarilla.

Muchos aficionados han descubierto a Connery con posterioridad a su época de James Bond y dependiendo de la película que hayan visto así será su entusiasmo o desinterés por él. Por ejemplo, si han visto "Los inmortales", una película menor en su carrera cinematográfica, encontrarán que se trata de una cinta original que tuvo cierto éxito en el momento de su estreno. Pero si cometen el error de comprar "Los inmortales II" su decepción será muy grande: la película es sumamente incoherente; Christopher Lambert acapara todas la escenas y Sean Connery se limita a reírse estúpidamente mientras le cortan la cabeza.

Supongamos que decide indagar en la trayectoria de Sean y no sabe cuál es el mejor camino. Nosotros le podíamos aconsejar que viera "El hombre que pudo reinar", "Robin y Marian" o "Negocios de familia", si es usted un aficionado a las comedias con grandes dosis de humor inglés.

Si le gustan más las películas de intriga, los thrillers, le recomendaríamos "Los intocables de Elliot Ness" o "La casa

Rusia", mientras que si su pasión es por el romance no nos queda más remedio que incluir "Cinco días, un verano" o "El primer caballero".

Pero quizá pretenda ver a Connery moviéndose en ambientes extraños, casi mágicos, y en ese caso no se pierda "Los héroes del tiempo", "Zardoz" y "Atmósfera cero".

De todas maneras lo más probable es que quiera conocer a este legendario actor en su salsa, en donde se movía con más habilidad que Supermán por el aire. Del mismo modo que John Wayne está unido al western y Clark Gable a "Lo que el viento se llevó", Connery está vinculado muy a su pesar a Bond, a James Bond.

Para muchos aficionados "Nunca digas nunca jamás" fue el primer "James Bond" filmado que vieron, una película que se hizo nada menos que veintiún años después del estreno de "Agente 007 contra el Dr. No", y así no hay manera de conseguir que se enganchen a la saga de 007. No es que sea una mala película, es que supone el declive, el final del héroe, y lo mismo que no es correcto que nos presenten a una dama con los rulos puestos, tampoco lo es conocer a Sean Connery cuando tenía cincuenta y tres años y odiaba tanto a su personaje que deseaba mutilarlo para siempre. Afortunadamente su maestría como actor es tanta que ni voluntariamente consiguió salir mal parado en su propósito y su legión de fans comenzó de nuevo una carrera ascendente vertiginosa.

BIOGRAFÍA

Thomas (Sean) Connery creció en un mundo ensombrecido por el horror de la guerra y la pobreza, en un barrio bajo de Edimburgo conocido como Fountainbridge, y quizá por ello en Escocia le adoran, como se adora a un hijo que ha sabido salir por sus propios medios de la miseria.

Actualmente sigue estando en la cima de su carrera y esto es algo grandioso teniendo en cuenta que lleva así desde hace muchos años y nadie trata de pedirle que se jubile. Con sus casi setenta películas e innumerables obras de teatro y televisión, ha logrado una variada y estupenda carrera que pocos actores han alcanzado. No obstante, a lo largo de su vida profesional todos los espectadores le han admirado y reconocido especialmente por su papel de James Bond, el agente 007 con licencia para matar al servicio de su majestad.

Connery tiene una faceta como actor que es difícil que pueda ser copiada y ni siquiera imitada: es sumamente sincero, ajeno a la mentira, cualidad que suele darse en personas valientes y honestas consigo mismas.

"En una ocasión me telefoneó una persona y me dijo que había sido elegido como el hombre más sexy del mundo. No hay respuesta posible para esto."

Las mujeres dicen que tiene una chispa única, como si

fuera un niño, con un entusiasmo maravilloso por todo lo que hace. Si no fuera así, no podría hacer las películas que hace e interpretarlas de esa manera, como si fuera un juego.

Sean nació el 25 de agosto de 1930 en el seno de una familia de trabajadores modestos y se crió en la época de la depresión, cuando comer era un lujo, algo que agradecer al destino. Aún era un niño cuando las dificultades económicas de su familia se hicieron insostenibles (habitaban una vivienda de alquiler con dos habitaciones) y le obligaron a buscar trabajo.

Empezó a trabajar cuando tenía solamente nueve años y tenía el mismo horario nocturno que su madre, una fuerte mujer que hacía de sirvienta en las pocas casas que se podían permitir ese lujo. Su padre, un camionero curtido por el frío y las calamidades, no podía dedicarle apenas unos minutos para estar a su lado, puesto que cuando por fin volvía a casa solamente deseaba el descanso.

Sean iba a pie hasta su lugar de trabajo, cruzando diariamente tres kilómetros por lugares sucios y oscuros, y permanecía en la fábrica como aprendiz de peón hasta las seis de la mañana, enlazando entonces con la escuela primaria. Allí estuvo hasta 1940 en que sus padres le sacaron de la escuela y fue recogido por una familia económicamente bien situada, de las que querían contribuir así al bienestar de los niños pobres. En ese momento dejó definitivamente el colegio.

"Siempre me he arrepentido de lo mal alumno que fui en mi época de estudiante."

Pero estar sin trabajar y sin estudiar no era algo admisible entonces y se hizo con un carro y un caballo y se dedicó a repartir leche, carbón y patatas por las casas. Una de esas mansiones a las cuales llevaba la leche fue transformada posteriormente en un edificio de interés nacional y todos los años se celebra allí el Festival de Cine de Edimburgo, circunstancia ésta que Connery nunca pudo olvidar. Cuando fue honrado para inaugurarlo, en su discurso de apertura contó a los espectadores que él había estado allí antes, como repartidor de leche.

Sean nunca ha ocultado su vida anterior ni trata de hacer diferenciación de su vida de actor con su época de peón. También reconoce haber trabajado como repartidor de carbón, ferretero, peón caminero y hasta pulidor de ataúdes con un ebanista, aunque posteriormente, y ya algo mayor, fue socorrista en una piscina privada y modelo en una academia de fotografía. Su padre, inmerso como todos los hombres de su época en la desesperación, se vio obligado a marcharse de casa para aprovechar un empleo como mecánico de la fábrica de motores para aviones Rolls Royce, la más importante de esa época.

"Es que yo nunca he tenido la sensación de ser verdaderamente pobre, a fin de cuentas casi todos los niños estábamos igual. Solamente cuando salí de allí e ingresé en la Marina, a los dieciséis años, es cuando fui consciente de lo bien que se vivía en otros lugares."

Esos hechos ocurrieron en 1945, cuando apenas había cumplido los quince años. Su vida en el cuartel y en los barcos que cruzaban las costas de Escocia le hizo ver un mundo que ni siquiera había estado en su imaginación. Lavar la cubierta, pelar patatas, hacer instrucción y limpiar el cuarto de máquinas no eran labores que le pudieran desilusionar; a fin de cuentas, llevaba haciéndolo desde hacía muchos años. Lo único que pretendía era calmar su hambre crónica y eso le llevó a comer exageradamente y enfermar de una úlcera de estómago. Tres años después tuvo que dejar la Marina a causa de su úlcera de estómago. El único recuerdo que guardó durante varios años fueron dos tatuajes grabados en el brazo derecho que decían: "Mamá, papá y Escocia, siempre"; los guardó durante varios años hasta que por exigencias de una productora de cine se los tuvo que borrar.

"Y de nuevo me vi en la calle sin dinero, sin trabajo y sin ninguna formación profesional. A causa de mi úlcera llevaba varias semanas a régimen y estaba muy delgado, pero en el barco un amigo me había introducido en el mundo del deporte y las pesas y había logrado desarrollar una buena musculatura."

Dos años después de abandonar la Marina, y ayudado por su amigo Jimmy Laurie, se presentó en Edimburgo al concurso de Mister Universo en la categoría de hombres altos y aunque tenía unas pantorrillas sumamente delgadas, se las apañó para ocultarlas posando frontalmente, pero no consiguió engañar al jurado y le otorgaron el segundo premio. En ese concurso estaba el entrenador de un equipo de fútbol profesional que estaba buscando jugadores duros para la defensa y le propuso fichar por su equipo. Unos cuantos días de entrenamiento fueron suficientes para que Connery y el entrenador se dieran cuenta de que aquello no era lo suyo. Casi dos horas detrás de una pelota no parecía suficientemente interesante para un joven que anhelaba conocer y vivir aventuras.

Y, como siempre ocurre en la vida de las personas inquietas, cuando una puerta se cierra otra se abre y un familiar de ese entrenador le propone trabajar en el teatro como figurante en una comedia musical titulada "South Pacific", de Rogers y Hammerstein, obra de gran prestigio que posteriormente sería llevada al cine y en la que Sean no intervino, aunque muchos biógrafos se confunden y la incluyen entre su filmografía. Y allí estaba el guapo y robusto irlandés cantando canciones de amor mezclado con un grupo de otros no menos guapos extras, mientras las chicas ejecutaban sensuales bailes hawaianos. Durante los dieciocho meses que duró la obra teatral, pudo aprovechar sus ratos libres para posar como modelo en una academia de bellas artes. En esos años cambia su nombre, Thomas, por el de Sean, contracción fonética de Shane, el mismo que tenía Alan Ladd en "Raíces profundas", una película y un personaje que admiraba. También actúa en "Punto de salida", "Una bruja en el tiempo" y "Testigo de cargo", obras teatrales que tuvieron cierto prestigio, especialmente la última, que fue llevada con posterioridad a la pantalla por Billy Wilder.

"Lo que nadie sabe es que en esa obra no me limité a cantar y me pidieron que hiciera volteretas y acrobacias. Decían que tenía aspecto de norteamericano y que daba bien el tipo en esa obra musical."

A partir de esa obra su trabajo en el teatro de intensificó y poco después también trabajó en la televisión, para la BBC. Allí no fue bien considerado, especialmente por su origen irlandés, y se le reprochaba que no tuviera el estilo de los ingleses, con su esmerada educación en colegios privados.

"Creo que me consideraban demasiado rudo y por eso no me ofrecieron mucho trabajo, pero, aun así, fue una buena escuela para mí y creo que poco a poco aprendí a interpretar."

En 1957 en la BBC estaban preparando todo lo necesario para la primera producción propia titulada "Réquiem por un campeón" (Requiem for a heavyweight), de Rob Serling, cuando se quedaron sorprendentemente sin protagonista, al fallarles el actor norteamericano Jack Palace. Una de las actrices que intervenían habló con el director Alvyn y le pidió que hiciera una prueba a un desconocido llamado Sean Connery, que tenía un atractivo tan especial que gustaría mucho a las mujeres. Esa mujer sería posteriormente su esposa.

La crítica fue unánime al alabar a Sean Connery (había cobrado solamente veinticinco libras por su trabajo de más de noventa minutos) y esos elogios llegaron hasta los ejecutivos de la 20th Century Fox, quienes le ofrecieron un contrato de larga duración. El sueño parecía comenzar a hacerse realidad, pero las películas que realizó no supusieron ningún avance en su carrera. Actuó como extra en "Time Lock", de Gerald Thomas, articulando una pequeña frase; en "Ruta infernal", de Cy Endfield, y "La frontera del terror", de Terence Young, que sería verdaderamente el director que le daría su gran oportunidad unos años más tarde con "Dr. No". Esta película (y posteriormente "Shalako") estuvo rodada totalmente en España y fue precisamente entonces cuando decidió que algún día se vendría a vivir a este país.

En 1958 encontró por fin lo que parecía su gran oportunidad: Lana Turner le eligió como compañero de reparto para un largometraje de gran presupuesto, "Brumas de inquietud", el cual tuvo bastante éxito, especialmente por el morbo añadido de ver a Lana con cuarenta y tres años seduciendo a un joven apuesto de veintiocho. Ese papel como gigoló no contribuyó a darle seriedad entre los productores y una prueba de ello es que su nuevo papel fue con la compañía Disney, ya en Hollywood, en una historia de amor que tenía el largo título de "Darby O'Gill and the Little People". La prensa no dudó ni un momento en emparejar sentimentalmente a la apasionada Lana Turner con el apuesto Connery y fue tal el revuelo que se armó que las noticias llegaron hasta el amante de la actriz, un gángster llamado Johnny Stompanato. Como buen siciliano, viajó desde su país hasta Londres con el ánimo de partirle las piernas, y el corazón si fuera necesario, al joven Sean.

Cuando llegó todo se complicó y, en lugar de toparse con Connery y liquidar sus diferencias, se cebó en Lana Turner un día en que estaba con su hija. Allí se organizó un serio incidente, con pistolas incluidas, hasta que la hija de la actriz le disparó a Johnny y le mató, según parece ser en defensa propia. Connery se vio en la obligación de huir de allí y refugiarse durante cuatro meses en un tugurio de Los Ángeles, a causa de la persecución que la mafia siciliana había iniciado contra él para matarle.

Ese incidente le impidió hacer el principal papel masculino como correo del zar en "El albergue de la sexta felicidad" junto a la popular Ingrid Bergman, acabando finalmente en manos de Curt Jurgens, siendo el filme un gran éxito de taquilla y crítica en el mundo entero.

De vuelta a Inglaterra intervino en un pequeño papel en "La gran aventura de Tarzán", de John Guillermin, y en "Darby O'Gill and the Little People", de Robert Stevenson.

Para entonces había agencias artísticas que empezaban a tenerle en cuenta y a olvidarse de su origen irlandés. Con su gran altura, su bien formada musculatura y su pelo muy corto y engominado, podía pasar por un norteamericano medio, justo lo que necesitaba para que se fijaran en él. En Escocia sus habitantes no eran muy robustos, quizá a causa del hambre crónica, y lo más frecuente eran las personas rubias de tez pálida. Pero ahora había un hombre diferente, enorme, y ya solamente necesitaba disimular su acento y así podría interpretar mayor variedad de papeles.

"Olvídalo, no me importa, así es como hablo."

Ese orgullo por ser escocés le serviría, paradójicamente, para destacar más que el resto de los actores de su misma época y lo conservaría siempre, presumiendo con el paso de los años de su origen irlandés.

Mientras llegaba su gran papel en el cine se incorporó a diversas obras teatrales y representó obras clásicas de Arthur Miller, de Rob Serling y Pirandello, y parece ser que consiguió buena crítica cuando hizo "Anna Karenina", de Leon Tolstoi, junto a Claire Bloom.

Durante su interpretación teatral de "Anna Christie", de Pirandello, actuaría conjuntamente con su futura mujer, Diane Cilento, quien se divorcia de su marido para casarse con Sean. Estos hechos le impedirían hacer un meritorio papel en la superproducción "El Cid", cuyo rodaje en España le obligaba a separarse de su recién nacido romance. La boda se celebró el 6 de diciembre de 1962 en Londres y al año tuvieron a su hijo Jason, adoptando en 1964 a la niña Giovanna.

Una de aquellas tardes de teatro estaban allí los productores que habían comprado recientemente los derechos para el cine de las novelas sobre James Bond, cuyo gran éxito de ventas presagiaba también una gran aceptación en la pantalla grande. Habían visto a Connery en la gran superproducción "El día más largo" y, aunque allí intervenía junto a multitud de actores famosos, su arrogancia sirvió al menos para no pasar inadvertido.

JAMES BOND

Esos productores buscaban un actor que fuera fuerte, pero sin demasiado volumen muscular, con un poderoso atractivo sexual entre las mujeres, dotado de aguda inteligencia, cierta ironía en su expresión, agudo, sofisticado y con la suficiente resistencia física como para soportar rodajes llenos de peligros y dureza. Estaban hablando de Sean Connery y aún no lo sabían.

Las primeras pruebas serias fueron con Cary Grant, pero el millón de dólares que pedía hacía inviable el proyecto, ya que ésa era la cantidad disponible para toda la producción. Solamente les quedaba la opción de Connery, un aceptable actor de cine y teatro, tan desconocido que podría aceptar el papel por una miserable cantidad. Según dicen, le pagaron solamente quince mil libras, un poco más de dos millones de pesetas, aunque para él era un orgullo haber sido elegido compitiendo con actores como Richard Burton, James Mason, Trevor Howard y Cary Grant. No obstante, la inclusión como James Bond no fue tan casual como parece, ya que el periódico *Daily Express,* el mismo que supuestamente leía el agente secreto 007, había organizado un referéndum para escoger el actor que debía encarnar al popular agente secreto. Cuando finalizó el escrutinio, Connery ganó por abrumadora mayoría, siendo votado por la mayoría de los seis millones de personas que participaron en la elección.

Una popular actriz dijo a propósito de su primera película:

"Es uno de los hombres más guapos que he visto en el cine. Cuando aparece no puedo apartar los ojos de él."

A pesar de tantos elogios Sean no la invitó a bailar y desde el estreno de "Agente 007 contra el Dr. No", efectuado en Londres el 6 de octubre de 1962, sus admiradoras crecieron vertiginosamente, lo mismo que sus admiradores. Por fin se había encontrado un actor que entusiasmaba por igual a hombres y mujeres. Las mujeres se sentían hembras en su presencia, le hablaban con voz aguda e insinuante, mientras los hombres endurecían su voz para igualarse y ponían sus músculos en tensión. También gustaba a los jóvenes y a los niños, y aunque en la mayoría de los países sus películas no eran aptas para menores de dieciséis años, tenemos noticias de que en aquellos lugares en los cuales alguna de sus películas se exhibieron con la calificación de "apta para menores", constituyeron un éxito apoteósico. Los niños también tenían su héroe.

Muchas mujeres opinaban que las películas de Bond eran sexistas y violentas, y que su desprecio hacia las habilidades de las mujeres no encajaba en una sociedad en la cual los movimientos feministas empezaban a ser populares. Con

007 los hombres eran, al mismo tiempo, los malos y los héroes, mientras que las mujeres eran tan terriblemente guapas que era imposible no llevárselas a la cama. Y así empezaron a hacerse famosas también las "chicas Bond", seleccionadas entre las actrices más hermosas de la pantalla y mostrándose al espectador con minúsculos bikinis y trajes sumamente sugestivos, un bocado que hasta 007 tenía que probar.

En los títulos de crédito y juntamente con la música (y James Bond disparando a su invisible enemigo), aparecían entre penumbras chicas desnudas, hábilmente camufladas, que predisponían favorablemente al espectador desde los primeros minutos de la proyección. La trama, pues, quedaba resumida en esas inolvidables aperturas: sexo y acción.

Los personajes de Bond eran inmorales, incluido el protagonista; no tenían piedad con el enemigo, pero al mismo tiempo eran muy lascivos. A todos, incluidas las mujeres, les gustaba hacer el amor en cualquier lugar y circunstancia, con cualquier pareja, y todo ello con una sonrisa burlona antes de empezar. Ahora quizá no se podrían hacer este tipo de películas, especialmente porque las mujeres ocupaban siempre un papel secundario y apenas si tenían otra misión que ser muy malas o infelices presas para sus enemigos, aunque siempre debían ser hermosas y seductoras.

Con el paso de los años James Bond se convirtió en un sex symbol internacional y transformó a Sean Connery en la estrella más famosa del mundo. Con treinta y dos años era ya el actor más cotizado, por productores y mujeres, aunque solamente una actriz logró llevárselo a la cama y casarse con él: Diane Cilento, con quien tuvo a su hijo Jason. Pero la popularidad tiene siempre una doble cara y el matrimonio Connery no logró encontrar el sosiego e intimidad que necesitaban los recién casados, acosados siempre por los desagradables paparazzi. Cuando rodaron exteriores en Japón para la película "Desde Rusia con amor" sus fans le acosaban allá donde fue-

ran y los periodistas invadían hasta los lavabos, filmándole cuando hacía sus necesidades. Se divorciaron en 1972, con un hijo propio y otro adoptado, casándose posteriormente con Micheline Roquebrune.

En 1965 y 1966 fue considerado el actor más taquillero del mundo, pero esa clasificación, en lugar de enorgullecerle, le irritó aún más al pensar que no conseguiría quitarse el estigma de 007.

"No se me ocurre que sea interesante para nadie, a no ser que sea una persona un tanto rara, verme de la forma que sea en el cuarto de baño."

Simultáneamente a la popularidad de la serie, las críticas se hicieron cada vez más intensas, unas provenientes de los movimientos feministas y otras de los políticos que las criticaban por su incitación a la violencia.

"Quizá los movimientos feministas tienen motivos para estar en contra. A fin y al cabo, para un hombre no hay nada más fácil que abusar de una mujer y golpearla. Yo estoy totalmente en contra de la violencia, sin ninguna duda."

Sus amigas femeninas no compartían las críticas que se le hacían y le defendían alegando que él adoraba a las mujeres y que tenía un gran respeto por la gente en general. Decían que la realidad es que los actores, y en especial James, se ven atrapados en la ficción de sus películas hasta tal punto que hacen creer a los aficionados que ellos son como sus personajes. Los críticos son también culpables de no establecer esta diferenciación y confunden a la gente al hablar más del hombre que del actor.

"He recibido durante muchos años una presión constante para que me mantuviera encasillado en mi personaje de 007 y, al mismo tiempo, me han criticado por hacerlo. Yo

siempre he tenido claro que quería hacer muchas cosas como actor y algunas ya se habían cumplido, pero no estoy dispuesto a enfocar mi carrera a gusto de los críticos.
   Quizá esperen que yo les diga: tienen razón, basta de James Bond, ahora voy hacer algo más artístico. Desde ahora voy a ser un actor serio y solamente interpretaré papeles de gran categoría. Yo hago lo que me gusta, y trato de que mi trabajo sea digno y de categoría, pero no voy a cambiar mi rumbo cada vez que alguien me lo indique."

   Pero la ingratitud no es algo que acompañe la vida de Connery, ya que siempre ha reconocido que, por irónico que sea el mismo personaje de James Bond que ha querido olvidar, ha sido quien le ha abierto las puertas para realizar otro tipo de películas. En este sentido, su primera gran oportunidad para interpretar otros personajes se la ofreció Alfred Hitchcock con "Marnie la ladrona", aunque, cosa insólita, exigió leerse antes el guión; algo que ningún actor había pedido tratándose de un director tan prestigioso.
   La película se hizo, pero su papel fue casi un fracaso, indicándonos que Connery tenía sus dudas de que ésa fuera su oportunidad de escapar del personaje de Bond. No obstante, fue un gran comienzo para demostrar que podía interpretar cualquier tipo de papel y su actuación fue bastante elogiada.
   Aunque no consiguió su propósito, estaba madurando como actor y los críticos empezaban a considerarle algo más que un especialista en el cine de acción, algo que ocurre ahora con actores como Bruce Willis o Sylvester Stallone, a quienes pocos críticos son capaces de augurar ningún éxito cuando se apartan de sus clásicas interpretaciones de hombres rudos que resuelven problemas.
   "Yo nunca renegué de 007 y ni siquiera traté de apartarme del personaje de una manera deliberada, al menos mientras todavía era joven. Lo que yo pretendía era mante-

ner los pies en el suelo y tratar de equilibrar la situación profesional creada por Bond. Mi instinto me advertía que debía intentar otros caminos simultáneos, si podía."

Sus detractores en esos años decían que solamente era un actor con cierto atractivo, con una sonrisa cínica que encantaba a las mujeres, pero que cualquier otro actor hubiera podido interpretar a 007 con el mismo éxito. Indudablemente esos críticos estaban totalmente equivocados y el tiempo demostró que ni siquiera un trabajo tan aparentemente sencillo como el del agente secreto con licencia para matar, podía ser interpretado por alguien que no reuniera las cualidades adecuadas. Connery no solamente aportó encanto a su personaje, sino que su tipo de interpretación proviene de alguien que tiene auténtico talento.

"The Hill", una película de Sidney Lumet, en la cual hacía el papel de un desagradable militar que es juzgado en un consejo de guerra, fue una nueva oportunidad para demostrar su talento, y la realizó después del sonoro éxito de "Goldfinger", en 1964, aunque nuevamente la taquilla no respondió. Sus agentes artísticos empezaron a tener serias dudas de que Connery verdaderamente pudiera servir para algo más que para las películas de James Bond y se concentraron en ello, consiguiéndole un nuevo episodio en la película "Operación trueno". Pero los críticos habían tomado buena nota de su interpretación en "The hill" y poco a poco empezaron a publicar notas favorables sobre él, exigiendo a los productores nuevas oportunidades. Este personaje marca las diferencias entre sus interpretaciones anteriores y establece el comienzo de una nueva carrera cinematográfica para Sean.

"Bueno, es posible que mi interpretación en este filme de Sidney sea mejor que las anteriores, no lo sé. Yo solamente he tratado de hacer mi trabajo del mismo modo, de la forma

más sencilla posible, sea cual sea el personaje o el guión. Si luego hay quien considera que un personaje dramático es mejor que uno de comedia es cuestión de apreciaciones personales, pero yo no establezco diferencias."

Consciente de sus raíces obreras y deseando aportar algo más profundo a su imagen, rodó un documental sobre temas sociales, centrándose en las malas condiciones laborales de un conflictivo astillero de Escocia. Sintió la necesidad de ayudar a aquellos obreros y de aportar una voz poderosa para que les tuvieran en cuenta. Los obreros le ayudaron totalmente en su trabajo, sin comprender las motivaciones que podían existir para que un actor ya famoso les ayudara desinteresadamente. No podían creerlo: el ídolo de los escoceses estaba allí para denunciar una situación injusta.

Y ese compromiso para ayudar a su tierra natal, Escocia, no se quedó en ese documental. Posteriormente ha sido la pasión de su vida y su preocupación más intensa.

"Una de las cosas que creo verdaderamente como un camino para cambiar a la sociedad es la educación, quizá porque yo la he descuidado en el pasado."

Entre 1968 y 1970, Connery intentó de nuevo apartarse de su personaje tan carismático y probó fortuna con películas tan dispares como "Shalako", al lado de la sex-symbol Brigitte Bardot; "Odio en las entrañas" y "La tienda roja", no sin antes rechazar un nuevo papel de 007 en el filme "Al servicio secreto de su majestad". Para impedir nuevas ofertas exigió un millón de dólares por el papel, más un porcentaje de los ingresos, cantidad obviamente tan desorbitada que los estudios no siguieron adelante con su oferta.

Pero en vista de que sus tres películas "normales" habían sido nuevos fracasos comerciales, aceptó interpretar de nuevo a Bond en el filme "Diamantes para la eternidad", con la idea de donar su sueldo, un millón doscientos mil dólares, a su recién creado fondo escocés para la educación. Ese fondo, que continúa vigente, ha ayudado a actores, artistas y atletas jóvenes con becas que suman más de dieciséis millones de pesetas al año.

"El objetivo de esta asociación es que cualquiera que tenga talento en Escocia pueda solicitar una beca, sean hombres o mujeres y tengan la edad que tengan."

Desengañado en 1972 por la película "Supergolpe en Manhattan", en la que nuevamente ni siquiera su presencia había sido capaz de conseguir un mediocre éxito comercial, decidió tomar él mismo las riendas en el cine y fundó su propia productora, tratando de hacer películas muy diferentes a las que se hacían en Hollywood. La primera de ellas fue "La ofensa", en donde interpretaba a un hombre que se identificaba y trataba de ayudar a un violador de niños, pero esta atracción le impulsaba a matarlo. Connery era plenamente consciente de que se trataba de un personaje repulsivo, muy alejado de su imagen de héroe, pero hizo su papel con tremenda seriedad, tratando de aportar cualquier matiz por pequeño que fuera.

"La película estaba dirigida por Sidney Lumet y yo ejercía como productor. La rodamos en solamente cuatro semanas, incluida una para los ensayos. Mi papel era muy atrevido y personificaba a un detective de clase obrera que está convencido de la culpabilidad de un violador de niños."

Lumet hizo muy buenas declaraciones a raíz de su colaboración con Connery, alertando a los críticos sobre las grandes cualidades profesionales de su amigo y colaborador. Pero esa colaboración no tendría continuación y su primera película fue un fracaso en taquilla, lo mismo que su matrimonio, siendo ciertamente un mal año para él. Y como las desgracias nunca parecen venir solas, a los pocos días falleció su padre y su nuevo intento cinematográfico, una extraña película de ciencia-ficción titulada "Zardoz", tampoco consiguió relanzarle a sus antiguos éxitos. Un lento declive cinematográfico parecía engullirle sin remedio, en ese fatídico 1973.

Pero el destino nunca abandona a quien lucha por sus ideales y un año después conoció a una mujer que le ayudó sin reservas a superar sus anteriores desgracias. Durante un torneo de golf en Marruecos, conoció a Micheline, una mujer muy sensible que se dio cuenta nada más verle que detrás de ese hombre, con su apariencia tan fornida, había en ese momento una gran necesidad de protección y cariño. Ambos se enamoraron en seguida y unos meses después, a principios de 1975, se casaron y decidieron formar una familia. Su relación sentimental funcionó tan bien que se sintió con nuevas fuerzas para superar su bache profesional, un bache que parecía no tener fin después de otros semifracasos comerciales como "Asesinato en el Oriente Express" y "Aeropuerto: SOS, vuelo secuestrado".

COMIENZAN SUS NUEVOS TRIUNFOS

De todas las películas interpretadas en la década de los 70 hay una que merece ser destacada con letras de oro: "El hombre que pudo reinar", con Michael Caine como compañero. Se trataba de una sátira sobre las colonias británicas en los países de la India, en la cual se oculta un fuerte dramatismo en su argumento. Aunque tampoco constituyó un gran éxito en taquilla, la crítica se volcó en ella y hoy en día sigue siendo una obra maestra a considerar.

"Mi personaje era un hombre fantástico que vivía una situación increíble. Pensaba que se había convertido en un dios y eso, visto bajo una mentalidad infantil, era algo iné-

dito. Una de mis escenas favoritas es cuando un puente de cuerda se viene abajo y me precipito hacia la muerte, con una sonrisa, como si estuviera convencido de que será solamente un vuelo al vacío y que retornaré."

Después siguieron una serie de películas igualmente dispares, como "El viento y el león", "El árabe" y "Robin y Marian", esta última al lado de Audrey Hepburn.

"Yo hacía de un extraño Robin Hood que va en busca de su amor, la encantadora Audrey, quien por cierto estaba sumamente nerviosa por este retorno suyo al cine. Era una gran profesional."

En 1978 hizo el filme "El primer gran asalto al tren", después de interpretar "Meteoro", al lado de otra leyenda del cine como Natalie Wood. Era su largometraje número treinta y tres y ahora hacía el papel de un sinvergüenza encantador, un personaje que encajaba perfectamente con su sonrisa cínica. Pero nuevamente su presencia no sirvió para lograr un gran éxito en taquilla y los productores tenían miedo de contratarle, sobre todo de pagarle las sumas tan altas de dinero que se había establecido.

EL RETORNO DE JAMES BOND

Deseoso de no volver a interpretar a Bond y después de ver cómo su personaje era interpretado por otros actores de menor aceptación popular, entre ellos Roger Moore, se vuelca en proyectos cinematográficos diferentes entre sí y rueda películas tan profundas como "Cuba" y "Cinco días, un verano". También intenta suerte con dos fantasías de gran prestigio como "Los héroes del tiempo" y "Atmósfera cero", un gran éxito (por fin) en taquilla.

Pero en 1983 acepta rodar por última y definitiva vez a su carismático James Bond, intentando dar la réplica a aquellos actores que le quitaban su juguete, y lógicamente el éxito es arrollador. Habían pasado veinte años desde su primera aparición en el cine como 007 y ligeramente rejuvenecido gracias al maquillaje, las fajas y un discreto peluquín, consiguió que la atención de los productores volviera a él y que las nuevas generaciones le tuvieran en cuenta. "Nunca digas nunca jamás" fue el título de una frase suya que fue pronunciada para justificarse ante quienes le recordaban su promesa de no volver nunca a hacer de James Bond.

La película se rodó sin el apoyo financiero de los productores Broccoli y Satzman, con quienes había tenido serios enfrentamientos durante los años que le mantuvieron atado a causa de su contrato con ellos. Por eso, cuando decidió rodar su reaparición como Bond exigió no trabajar con esos productores, lo que originó una demanda judicial que se prolongó hasta después del estreno.

"Yo nunca estuve convencido de que ésa era una buena manera de seguir en el cine y una prueba de ello es que estuve casi dos años sin rodar ninguna película y eso que las ofertas me llegaban de todas partes. Estaba realmente asqueado por el rodaje de la película y, aunque fue una buena experiencia volver al pasado, no me sentí a gusto. Afortunadamente tenía conmigo a mi mujer y mi familia, y me refugié en ellos durante ese largo período de inactividad."

SU FAMILIA

Sean y su esposa Micheline poseen diversas casas repartidas por el mundo, aunque su residencia principal es la gran finca que tienen en Marbella, en el sur de España, donde tienen instalado hasta un pequeño campo de golf, su gran pasión deportiva.

"Me encuentro muy bien estando aquí, en Marbella, alejado de Hollywood. Es un lugar muy tranquilo y pacífico, como si fuera un sanatorio para el espíritu. Cuando llegué aquí por primera vez era todo mucho más salvaje, estaba todo en un estado deplorable y abandonado. Pero había una vista maravillosa y el clima era increíble. Todo lo que se puede ver ahora en la casa es cosa de mi mujer. A mí me tocó la parte más fácil, la de pagar las facturas.

Me gustaría que conocieran el trabajo de mi mujer como pintora, es extraordinaria y alguno de sus cuadros están expuestos en el Museo Nacional de Mujeres de Washington. Dice que le gustaría hacerme un buen retrato, pero no tengo mucha paciencia para posar y debe aprovechar momentos en los cuales estoy leyendo para empezar a pintarme. Por ese motivo dice que prefiere utilizar mis fotografías.

Nos conocimos en un campo de golf y creo que ambos jugábamos muy bien, aunque también nos gustaba hacer otras cosas juntos. Nos enamoramos en seguida y yo le dije que no me gustaba andar jugando con ella, que era una persona muy seria. Ella me advirtió que no quería peleas con un hombre y a la primera que hubiera se marcharía. Bueno, ha habido peleas y ella no se ha marchado; quizá es que le gusto."

Para su mujer no era el primer matrimonio sino el tercero y aportaba dos hijos a Connery. Era muy consciente de la fragilidad de los matrimonios actuales y que, al igual que con una planta, hay que cuidarlo mucho. Decidieron que lo mejor era que se dijeran inmediatamente todos los problemas que fueran surgiendo, en lugar de aguantar y aguantar y un día decirse adiós. Para que todo fuera bien, dos veces al año hacen una relación de todas las cosas que no les gustan del otro y se la presentan con una sonrisa.

El método parece haber dado resultado, especialmente por lo diferentes que parecen ser. Connery procede de una familia muy pobre y ella nació en una familia muy rica, aunque ambos parecen estar de acuerdo en lo básico, especialmente en la educación de sus hijos, sin mimarlos demasiado.

Los tres hijos de ella, Estefan, Marisa y Olivier, conviven juntos con el hijo de Sean, Jason, y todo parece ir en perfecta armonía.

"Para lograr que tu hogar funcione tienes que empezar dando de ti lo mejor que tengas. Si estás desequilibrado emocionalmente o tienes rencor, o eres un inútil, no serás de ninguna utilidad para nadie y fracasarás. Por eso, si consigues poner tu casa en orden y resolver tus prioridades, tienes muchas más probabilidades de hacer lo que quieras profesionalmente, además de ser una compañía más agradable."

Lo que peor llevan de su relación familiar no es nada personal, sino solamente la falta tan insoportable de intimidad. Perseguidos día y noche por la prensa, se ven en la imposibilidad de acudir a un restaurante sin ser molestados.

"Es muy desagradable no poder hacer lo que nos apetece. No podemos salir a dar un paseo por donde sea, como personas anónimas; esto es algo imposible."

A mediados de los años 80 la carrera de Sean dio un nuevo rumbo, especialmente desde que interpretó "Los intocables", película por la cual le fue otorgado el Oscar de 1988 como el mejor actor, un reconocimiento que se le debía desde hacía muchos años. Llevaba trabajando en el cine desde hacía treinta y cinco años de una manera totalmente autodidacta, sin acudir a escuelas de cine de ningún tipo.

"Debo reconocer que nunca he estado convencido de ser merecedor de un Oscar, nunca me he encontrado con méritos suficientes, ni lo he considerado como algo importante en mi trabajo de actor. Pero debo admitir que cuando lo recibí sentí su importancia y me emocioné.

Para alguien que no tenía ninguna formación académica no había otra elección posible que empezar como extra. Como actor tuve que emplear desde ese primer día todos los conocimientos posibles, pero solamente mediante la observación y la experiencia. Siempre he tenido que aprender y sobrevivir en solitario."

Quienes le conocen afirman que detrás de esa socarrona sonrisa hay un hombre de gran humanidad, sumamente sencillo, que no gusta nunca del protocolo ni de las fiestas. Pero tampoco es persona a la que se pueda llegar con facilidad, ni siquiera para pedirle un autógrafo. Desde su nuevo regreso al cine con "Los intocables" se volvió sumamente esquivo con la prensa, inalcanzable. Quería ser considerado como lo que era, una figura importante en el cine, y deseaba dejar constancia de que era capaz de interpretar cualquier papel. Desde entonces no ha parado de trabajar y hay papeles especialmente significativos, como el del monje en "El nombre de la Rosa", el dinámico padre de Indiana Jones en "La última cruzada" o como el moderno curandero en busca de la cura del cáncer, en "Los últimos días del Edén". En "Sol naciente" hizo el papel de un detective embriagado por la doctrina Zen, mientras que en "Causa justa" era un abogado que se cree en la obligación de luchar contra la discriminación racial.

Pero aún le quedaba por demostrar su gran éxito en taquilla con la película "La Roca", en donde hacía el papel de un convicto de Alcatraz que debe salvar al mundo de un ataque terrorista. Con un atuendo de pordiosero, una larga melena blanca y un maquillaje que debía envejecerle aún más, consiguió dar una categoría extraordinaria a sus muchos años y demostrar que lo importante no es la edad de un actor, sino su categoría y personalidad.

Hoy en día hay pocos actores o actrices que puedan constituir casi un seguro económico en taquilla, pero si existen unos pocos entre ellos estaría Sean Connery, quien a sus 68 años es capaz de seguir llenando las salas de cine mediante su sola presencia. Nunca en la historia de la cinematografía ha ocurrido un hecho similar.

Sus admiradores le consideran inteligente, considerado y muy atractivo, sin que exista otro actor que pueda comparársele. Que alguien gane en categoría y aceptación con la edad supone un hecho insólito y debería hacer reflexionar a los productores, empeñados en hacer creer que es la hermosura de un actor o actriz lo que va a proporcionar el éxito. Solamente podemos recordar hechos similares en el fallecido Cary Grant, quien conservó su éxito hasta el fin de sus días, o en Harrison Ford, el cual tiene tantos puntos en común con Sean Connery que no nos extrañaría que siguiera su mismo destino.

Sean no oculta su pelo encanecido, ni sus arrugas, ni mucho menos su edad, orgulloso como está de ser capaz de seguir entusiasmando al público tenga la edad que tenga. Su orgullo por estar en la cúspide de su carrera se le nota en su cara y en su forma de actuar, logrando con su carácter no perder arrogancia con el tiempo, en una sociedad que valora la buena apariencia física tanto como el dinero.

Pero no solamente su familia y el público reconocen esa satisfacción personal que llena la vida de Sean, sino sus mismos compañeros de profesión se muestran a gusto cuando trabajan juntos, como nos cuenta el actor Alec Baldwin con ocasión del rodaje de "La caza del Octubre Rojo":

"Cuando hice esa película yo era muy poco conocido en el cine y tampoco tenía una gran experiencia en trabajar al lado de grandes mitos. Delante de Connery pensé que, no sé, está calvo, un poco viejo, no sé. Quizá veía la oportunidad de mi vida al aparecer en la pantalla junto a él. Cuando se presentó el primer día de rodaje llevaba un pelo totalmente gris, sin disimulo alguno. Era gris como el acero y tenía una

barba igualmente blanca, pero yo me sentí cohibido a su lado. Le encontraba mucho más atractivo que yo a pesar de la diferencia de edad y estaba seguro que ningún espectador podría reparar en mi presencia cuando estuviéramos juntos. Me consideraba parte del mobiliario cuando estaba a mi lado."

Las actrices son mucho más sensibles a la vejez que los actores y para ellas la imagen que Connery da en la pantalla es algo inaudito: tan mayor y tan atractivo al mismo tiempo. Cuando se imaginan a su edad, totalmente cubiertas de arrugas y con el pelo completamente blanco, no pueden concebir que logren levantar las pasiones que Connery ha conseguido. Ninguna mujer podría conseguir pasados los sesenta años, sin teñirse el pelo ni sin pasar por el quirófano, ser considerada como la mujer más sexy del cine.

"Cuando me telefoneó un tipo para decirme que yo había sido elegido el hombre más sexy del momento, me quedé de piedra. No pude articular palabra. Bueno, también me han hecho doctor honoris causa por una Universidad, galardón igualmente tan increíble como el anterior, teniendo en cuenta mis pocos estudios. También me han concedido en Francia la Orden de las Artes y las Letras, y La Legión de Honor, aunque para mí el más conmovedor de todos ha sido el que me concedieron en Escocia, mi país natal, denominado La Libertad de la Ciudad. A mí, que repartía leche por las calles cuando era niño, este reconocimiento me parece extraordinario."

En Edimburgo es la persona más importante y popular, y ese premio llevaba veinte años sin ser otorgado a nadie. El único requisito que exigió para recibirlo es que la gente de su barrio, donde él nació y se crió, estuviera allí en esa ceremonia. Obviamente no entraron todos en el teatro y solamente dos mil personas estaban presentes para vitorearle, mientras que en la calle había más de quince mil admiradores.

"Ha sido el más importante reconocimiento de toda mi vida y lo considero un honor. Sé que tiene una antigüedad de quinientos años y con anterioridad fue concedido a Garibaldi, Benjamín Franklin y Churchill; por eso lo he valorado mucho más. Han sido los escoceses, mi gente, quienes votaron en mi favor.
No creo que nadie consiga la satisfacción definitiva, o al menos no conozco a nadie que lo afirme. Si así fuera creo que sería una persona aburrida y no es la clase de compañía que me gustaría tener."

UN RESUMEN DE SU VIDA

(1930).
Ocupación: Actor.
Nombre: Thomas Sean Connery.
Nacido el 25 de agosto de 1930 en Edimburgo, Escocia.

Vistoso y carismático, se trata de un actor que sin apenas esfuerzo ha conseguido ser el hombre más importante en Escocia, después de haber logrado liberarse de su lucrativa camisa de fuerza de James Bond. En la actualidad, es una de las más admiradas y respetadas estrellas del Hollywood contemporáneo.

Connery ha sido un culturista, un muchacho de coro y modelo de publicidad antes de empezar su trabajo de actor en teatro, televisión y cine en el decenio de 1950.

Abandonó la escuela a los trece años de edad, aunque posteriormente invirtió mucho de su tiempo libre en las bibliotecas y en viajar por el mundo. Connery consiguió una gran popularidad como el mejor y más caro actor que interpretó el personaje de Ian Fleming, el superespía James Bond, en la película

"Dr. No" en 1962, que supuso su mayor icono en los años 60. Él salió bien parado en esta aparente serie de violencia, aportando su carácter, mezcla de sofisticación, sensualidad y humor.

Connery consiguió salirse periódicamente de su cautiverio como agente secreto para abordar una gama más amplia de papeles en otros aspectos, tales como la obra de Alfred Hitchcock "Marnie, la ladrona" (1964), "Un loco maravilloso" (1966) y "Odio en las entrañas" (1970), pero aún no conseguía alcanzar el éxito que quería, salvo haciendo de 007.

Su mejor trabajo en esos años fue con motivo de una colaboración importante con el director Sidney Lumet en "The Hill" (1965), como un presidiario en una prisión militar. "Supergolpe en Manhattan" (1972), como un ex convicto que debe dirigir magistralmente un robo a gran escala, y "La ofensa" (1973), en la que hace de un detective de Londres que golpea a un sospechoso de asesinato, le sirvieron para enlazar con "Asesinato en el Oriente Express" (1974), como parte de una extensa lista de actores famosos. Después le vimos en "Negocios de familia" (1989), una fallida película, tanto comercialmente como por parte de la crítica, en la que hace el papel de un patriarca orgulloso de un clan de delincuentes, con Dustin Hoffman y Matthew Broderick como su hijo y nieto respectivamente.

Connery intentó abandonar varias veces su personaje de 007, pero nuevamente el público y su éxito le obligaron a reconsiderar su postura y embarcarse en nuevas aventuras. "Diamantes para la eternidad" (1971) debería ser su retirada definitiva, después de nueve años con el mismo personaje, y aprovechó esta ausencia para interpretar películas con una gama mucho más amplia de personajes, quizá más interesantes, incluyendo el filme de John Boorman "Zardoz" (1974). También hizo la obra de John Huston "El hombre que pudo reinar" (1975), "El viento y el león" (1975) de John Milius, "Robin y Marian" (1976) de Richard Lester, y en un papel suplementario crucial, en la delirante película de fantasía "Los héroes del tiempo" (1981), de Terry Gilliam.

Casi calvo, un poco panzudo, pero todavía guapo y carismático, Connery reconsideró su promesa y volvió a su papel más celebrado de James Bond para interpretar la película "Nunca digas nunca jamás" (1983), con un éxito arrollador.

Connery siguió posteriormente, ya alejado definitivamente de Bond, con la película fantástica "Los inmortales" (1986) y el gran éxito internacional de "El nombre de la rosa" (1986), para continuar con otro gran éxito mundial que le proporcionó su primer Oscar, "Los intocables"(1987), de Brian de Palma. En ella interpreta el papel del veterano Malone, un irlandés viejo, astuto y taimado, aunque fácilmente eclipsado por Kevin Costner, como el personaje principal de la película. El éxito de esta película supuso para Connery afianzarse definitivamente como una leyenda viva de Hollywood, lo que constituye todo un logro en una industria donde los éxitos son para los jóvenes y las leyendas son actores ya fallecidos.

Más viejo, canoso y con papeles cada vez más fraternales como corresponde a su edad, e incluso interpretando personajes más viejos que él mismo, su estrella renovada brilló con particular brillantez en la película de Steven Spielberg "Indiana Jones y la última cruzada" (1989). En esta tercera entrega de la popular serie, interpreta al padre distante e irascible de Harrison Ford.

Aunque él es una presencia perdurable que responde al sistema de grandes mitos de Hollywood, Connery es también un actor serio que prepara meticulosamente sus papeles, aunque en la pantalla nos dé la impresión de que se lo toma a broma. Él ha preparado ampliamente su profesión de actor y ha explicado en más de una ocasión que no puede aceptar ningún papel en el cual no pueda aportar su propio carácter. Por ello sus interpretaciones están siempre llenas de sutilezas impresionantes con unos caracteres que aportan una gama muy amplia de matices en sus personajes.

Ahora sigue siendo uno de los actores más buscados por las grandes productoras y consigue mantenerse feliz en este mundo conflictivo, permaneciendo al margen del éxito o el fracaso de sus películas. Puesto que no se siente el responsable, sino solamente un trabajador del cine, el éxito o el fracaso deben asimilarlo los ejecutivos.

Convertido con frecuencia en un mecenas de causas justas, ha donado grandes sumas de dinero al Teatro Nacional Escocés, una de las mejores escuelas de actores de Europa.

Los éxitos de la década de los 90 incluyen películas como "La caza del Octubre Rojo" y "La casa Rusia" (ambas de 1990), y "Los últimos días del Edén" (1992). Posteriormente consiguió bastante éxito como productor ejecutivo y actor en "Sol Naciente" (1993) y puso su voz a un gigantesco dragón generado por ordenador en "Dragon Heart" (1996).

Premios y honores:

Presidente mundial de la asociación Juntos por la Paz.
Doctor Honoris Causa.
Tiene la medalla de la Legión de Honor Francesa.
Oscar al mejor actor secundario.
Premio especial de la Academia Británica del Cine y la Televisión.

IAN FLEMING

Las novelas del escritor y periodista inglés Ian Lancaster Fleming sobre un agente secreto con licencia para matar, al servicio de Su Majestad, alcanzaron un éxito rotundo en los años inmediatos a la posguerra.

Ian Fleming había nacido el 28 de mayo de 1908 en

Mayfair, Londres, de padres bien situados económica y socialmente. Educado en la más sofisticada tradición británica, primero en Eaton y posteriormente en la academia militar de Sandhurst, trabajó primeramente en la agencia de noticias Reuter y posteriormente como un auténtico espía durante la Segunda Guerra Mundial en el servicio secreto de la Armada inglesa.

Una vez finalizada la guerra se convirtió en editor de gran prestigio, fundando la editorial Kemsley Newspaper, iniciándose al mismo tiempo como escritor de novelas de espías, basadas por supuesto en sus propias experiencias. En 1952 vio la luz la primera de estas aventuras a la que tituló "Casino Royale", con una tirada de apenas cinco mil ejemplares que pasaron casi totalmente inadvertidos por público y críticos. Pero para Fleming se trataba solamente de la primera de una larga serie de novelas, un total de catorce, y su escaso éxito no le impidió sacar la siguiente, "Vive y deja morir", en 1954, la cual tuvo ya una buena acogida.

Con el dinero obtenido se construyó una casa en Jamaica, a la que bautizó como "Goldeneye", y allí se refugió para escribir "Moonraker" en 1955, "Diamantes para la eternidad" en 1956, "Desde Rusia con amor" en 1957, "Dr. No" en 1958 y "Goldfinger" en 1959. Entre sus relatos cortos más populares está "Sólo para sus ojos" publicado en 1958.

Ian Fleming murió en 1964 y de su intrigante vida se realizó una película titulada "Spymaker". Sus obras fueron vendidas a buen precio por el propio autor en 1960 a los productores Harry Saltzman y Albert R. Broccoli, salvo "Casino Royale", que inexplicablemente no fue adquirida en el lote.

James Bond es un agente secreto con licencia para matar, según consta en su doble cero inicial, y desde el primer momento su autor lo apartó del esquema de otros agentes de inteligencia habituales en la literatura. Nada que ver, por tanto, con Marlow y ni siquiera con los auténticos que habían ejercido para Hitler o los mismos británicos. Este agente, por supuesto, no tenía en sus bolsillos las tradicionales píldoras de cianuro para suicidarse en caso de ser capturado, ya que su cualificación como superespía le obligaba a retornar siempre a su oficina, donde la guapa secretaria Moneypenny le estaría esperando para lograr, por fin, una cita con él.

Bond tampoco tenía que tener muchos escrúpulos a la hora de hacer de juez y verdugo de sus enemigos y su licencia 007 le permitía matar sin ser posteriormente condenado por ningún jurado. Su código de honor consistía en vencer al enemigo y anularle para siempre, fuera hombre o mujer, ya que para él las mujeres eran totalmente iguales a los hombres y, por tanto, dignas de recibir una bala de una Magnum entre ceja y ceja.

Cínico, hedonista, mentiroso y sumamente viril, lograba ser tierno cuando la chica merecía la pena y podía sumergir a cualquier mujer en una orgía de sexo y amor cuando disponía del tiempo y el lugar adecuado. Su gran dosis de sadismo para los enemigos se convertía en masoquismo cuando la guapa chica era la mala de la película y le traicionaba aprovechando su pasión por bucear dentro de las sábanas.

Sus mayores enemigos siempre fueron los rusos, los comunistas, aunque posteriormente los fue cambiando por los árabes, mucho más despiadados en su crueldad y bastante menos refinados que los soviéticos. Para vencerles empleaba todo un arsenal exterminador, con cables que cortaban el cuello en cuestión de segundos, pequeños lanzallamas que abrasaban los ojos, coches que lanzaban misiles y que podían seguir funcionando partidos en dos mitades, y bombas, muchas bombas.

Los críticos de entonces acusaban a James Bond de despiadado, violento y machista, pero, al igual que ahora, la realidad superaba tanto a la ficción que los métodos de Bond se mostraban excesivamente suaves en comparación con la vio-

lencia imperante. Nunca hubo en ninguna de sus películas una visión recreativa del dolor, ni miembros despedazados delante de las cámaras, ni mucho menos una violación en vivo con chica desnuda gritando. El erotismo era siempre insinuante, lo mismo que los desnudos y el acto sexual. La imaginación del espectador debía añadir el final a una escena de sexo esbozada.

El agente 007 nunca se permitió una divagación filosófica sobre la violencia contra el enemigo y ni siquiera titubeó cuando tuvo que cumplir violentamente su misión. Había sido entrenado para anular a los malvados y la muerte formaba parte de su trabajo, aunque procuraba que su enemigo sufriera lo menos posible actuando con rapidez y una sonrisa en sus labios. No se planteó en ninguna de sus películas cuestiones sobre justicia, derechos humanos o piedad con sus adversarios; su trabajo consistía en realizar con eficacia la misión que le habían asignado y, como estaba al lado del bueno, no había peligro de equivocarse.

Las mujeres eran normalmente de usar y tirar (perdonen esta última expresión), pero a ellas no parecía importarles y la mayoría se consideraron unas afortunadas de acostarse fugazmente con tan guapo espía. Seductoras, tremendamente sensuales, aficionadas a la bebida, amantes especialmente del dinero y el lujo, las chicas Bond no dudaban ni un momento en ser hembras antes que personas y utilizaban siempre sus encantos físicos para lograr sus fines, algunos verdaderamente perversos. Quizá por ello James nunca se casó con ninguna de ellas (salvo una excepción), consciente de que debía aprovechar solamente aquello que vendían: su cuerpo.

LOS ACTORES

James Bond, con licencia para matar, fue interpretado por diversos actores y ya sabemos que en principio el escritor Ian

Fleming pensó en Cary Grant como el más idóneo, criterio que no estaba demasiado erróneo. En sustitución de él se barajaron actores como Peter Finch, Trevor Howard, James Mason y Richard Burton, todos ellos excelentes actores que hubieran dado la talla con maestría. Por otro lado tenemos a David Niven, el elegante y refinado actor, que interpretó por una sola vez a 007 en "Casino Royale", mientras que un joven Woody Allen hizo el papel de un sobrino de Bond que tenía delirios de poder. Esta novela de Ian Fleming, que debería ser la primera de la serie, se convirtió en el cine en una parodia que nos mostró a un agente secreto jubilado y poco eficaz.

Sean Connery tenía treinta y dos años cuando interpretó por primera vez al personaje y su experiencia en el cine contaba ya con diez películas, una de ellas con Lana Turner. En 1962 interpretó a 007 en "Dr. No", en 1963 en "Desde Rusia con amor", en 1964 en "Goldfinger", en 1965 en "Operación trueno" y en 1966 en "Sólo se vive dos veces". Volvió cinco años después con "Diamantes para la eternidad", después de cobrar un millón doscientos mil dólares y jurar que ésta era la última vez que interpretaba a Bond. Diversos problemas con los derechos de autor relativos a "Operación trueno", argumento que originalmente no era de Ian Fleming, obligó a Connery a realizar un remake de esta película bajo el título de "Nunca digas nunca jamás" en 1983.

Además de David Niven y de Barry Nelson, que interpretaron a Bond en la obra "Casino Royale", en cine y televisión, otros actores que ya han ocupado su puesto en la saga son George Lazenby, Roger Moore, Timothy Dalton y Pierce Brosnan. El problema para que cambien con tanta frecuencia es su edad, ya que el personaje debe ser mayor de treinta años y menor de cincuenta, lo que obliga a los productores a no dejar envejecer demasiado al actor, bien sea a base de maquillaje como ocurrió con Roger Moore o cambiándole por otro más joven.

GEORGE LAZENBY

El primer actor que trató de suplir a Connery fue George Lazenby, que tenía treinta años cuando fue propuesto para ese papel por los propios productores Broccoli y Saltzman, hartos ya de discutir con Sean.

George no tenía apenas experiencia en el cine y se le conocía en Australia por su trabajo como modelo de televisión, aunque en su favor tenía que se parecía mucho a Connery. La película se tituló "Al servicio secreto de Su Majestad" y fue rodada en 1969, contando, además, con la estimable presencia de la guapa y eficaz Diana Rigg, quien tenía una gran fama por la serie de televisión "Los vengadores". En esta película 007 sucumbe por fin a los encantos de su compañera y se casa con Diana (Tracy-Teresa, condesa de Vicenzo), dejándolo tan desvalido y aturdido que es presa fácil de sus enemigos. La combinación novela rosa con su lucha contra el mal no resulta acertada y podríamos considerar a esta película como el único fracaso de la saga, aunque económicamente no fue mal. El público no acogió con buenos ojos esa sustitución de su actor predilecto y, ayudados por la enemistad surgida entre Diana Rigg y el director Peter Hunt, encontraron la excusa para no volver a reincidir con ese actor.

ROGER MOORE

Dos años después, y una vez finalizada "Diamantes para la eternidad" con Sean Connery, se plantearon la necesidad de prescindir definitivamente de él y buscar alguien que fuera menos conflictivo para ellos. Descartados definitivamente Burt Reynolds y John Gavin, se eligió a un actor que tenía una larga experiencia como agente secreto: Roger Moore, famoso por su personaje de televisión Simón Templar "El Santo" y que, además, también había trabajado en el cine con

Lana Turner. Tales coincidencias las consideraron avisos del destino y en 1973 rueda "Vive y deja morir", una película con bastante menos violencia y con más dosis de humor que las anteriores.

Aunque la crítica se volvió precisamente eso, muy crítica, los resultados económicos fueron lo suficientemente aleccionadores como para continuar con "El hombre de las pistolas de oro" en 1974 y Christopher Lee como el villano Scaramanga; "La espía que me amó" de bastante buena calidad cinematográfica, rodada en 1977; "Moonraker" en 1979, con viajes espaciales y ya sin la colaboración del productor asociado Harry Saltzman, y "Sólo para sus ojos" en 1981.

Roger Moore tenía ya cuarenta y seis años en esa época y, aunque todavía mantenía su imagen de guapo galán, muchas de las escenas de acción y de lucha tenían que ser efectuadas con un doble, lo que obligó a los productores a buscar un sustituto. No obstante y ante la dificultad de encontrar alguien digno, continuaron con Roger Moore en "Octopussy" en 1983 y "Panorama para matar" en 1985, cuando acababa de cumplir cincuenta y siete años y tenía como oponentes femeninas a Tanya Roberts y Grace Jones.

TIMOTHY DALTON

Dos años pasaron hasta que se logró encontrar a otro actor que diera la talla y la elección recayó en Timothy Dalton, aunque también trataron de contratar a Mel Gibson y Pierce Brosnan, este último demasiado comprometido con la serie de televisión "Remington Steele".

La experiencia en el teatro de Dalton era bastante amplia, aunque en el cine la única película digna fue "El león en invierno" y "Flash Gordon". Tenía cuarenta y tres años cuando interpretó a Bond por primera vez en "007 Alta Tensión" y, aunque la película no fue un éxito, ante la ausencia de otro mejor le volvieron a contratar en 1989 para "007: con licencia para matar", un nuevo fracaso que cuestionó la continuidad del personaje de James Bond, al menos de momento.

En el intermedio quedaron una serie de parodias del personaje, como "007, nuestro hombre de Bond Street" con Samuel Hui; "006 contra Los Pepitas" en 1965 y Helmut Lange como James Bond; "001 Operación Caribe" en 1966 con Larry Pennell; "07 con el 2 delante" en 1966 con Cassen, y "James Tont, operación UNO" en 1965 con Lando Buzzanca. Por supuesto, mejor no verlas.

Seis años después de la última película, en 1995, se vuelve a considerar la posibilidad de una nueva oportunidad para sacar a James Bond del baúl de los recuerdos y se ponen los ojos en Pierce Brosnan.

PIERCE BROSNAN

El nuevo y último James Bond es un irlandés nacido el 16 de mayo de 1952 en la ciudad de County Meath. Abandonado por su padre cuando apenas tenía un año de edad, fue criado por su abuela hasta los once años, momento en que fue recogido por su madre y llevado a Londres.

Ansioso por abandonar la escuela tradicional y dedicarse al teatro, se matriculó en el London Dramatic Center y una vez completados los estudios trabajó como ayudante de escena del Theatre Royal York, siendo elegido seis meses más tarde por el popular Tennessee Williams para intervenir en la obra "Red Devil Battery Sing". El gran éxito obtenido le permitió interpretar "Filomena Maturano" de Eduardo de Filippo.

En el cine entraría en el año 1979 en la película "El largo Viernes Santo" al lado de Bob Hoskins y el francés Eddie Constantine. Un año después debuta en la televisión con la serie "Los Manions en América", volviendo a la pantalla grande en la película "El espejo roto", basada en la novela de Agatha Christie, junto a Elizabeth Taylor, Rock Hudson, Angela Langbury, Geraldine Chaplin, Tony Curtis y Kim Novak.

En 1981 retorna de nuevo a los Estados Unidos para continuar con la serie de televisión "Los Manions en América" durante un año más, enlazando con el serial que le lanzaría por fin al estrellato, "Remington Steele", en donde haría el papel de un detective. El serial estaría en los televisores de todo el mundo durante cuatro años, aunque en 1985 haría una pausa para rodar una extraña película de fantasía titulada "Nómadas", que solamente pudimos ver en vídeo y televisión.

Una vez finalizados sus compromisos con televisión rueda la película "El cuarto protocolo", junto con el popular Michael Caine, y unos meses después "Taffin", una película que tampoco se estrenaría en el cine.

A partir de 1988 sigue su carrera en el cine con "Casta asesina", "Mister Johnson" del director ganador de un Oscar Bruce Beresford, así como una adaptación para la televisión de la novela de Julio Verne "La vuelta al mundo en ochenta días".

Su carrera de actor empezaba a consolidarle y rueda "El cortador del césped", basada en una novela de Stephen King sobre la realidad virtual, la cual constituyó un éxito mundial, y en 1992 "Hilo mortal", en donde vuelve a representar a un agente secreto del FBI. Posteriormente hace dos películas de poco interés, "Obsesión al límite" y "El tren de la muerte", cambiando de rumbo posteriormente con la comedia "La señora Doubtfire", un gran éxito que sirve para consolidar a Robin Williams, pero que deja al margen a Pierce.

El 1944 interpreta "Nunca hables con desconocidos" y "Asunto de amor", en esta última al lado de Warren Beatty y Katherine Hepburn y que es un remake de "Tú y yo", enlazando con la segunda parte de "El cortador del césped" y una nueva versión de "Robinsón Crusoe". Esta nueva recreación de la novela de Daniel Defoe no consiguió ser exhibida en las pantallas y se pensó en dejarla solamente para el mercado del vídeo, hasta que su éxito como James Bond propició su estreno con dos años de retraso.

En 1995 le llega por fin su gran oportunidad al hacer de 007 en "Goldeneye", logrando un gran triunfo y el aplauso de sus anteriores detractores. Por fin los aficionados tenían un James Bond de categoría. Ese mismo año interpretó también "El amor tiene dos caras", junto a la mítica Lauren Bacall, y "Mars Attacks", el gran éxito de Tim Burton.

La última aventura de 007 no está basada tampoco en una obra de Ian Fleming, sino que se inspira en "1984", fantasía futurista de George Orwell, que había sido llevada ya al cine e interpretada por Richard Burton. "007, el mañana nunca muere" trata de un terrorista que quiere provocar una guerra entre China y el Reino Unido, teniendo como compañera a Teri Hatcher, la novia de Supermán en los nuevos capítulos para la televisión.

LAS ACTRICES

Aunque para la mayoría de las actrices ser elegida para ser una "chica Bond" en la próxima película era motivo de gran alegría, pocas consiguieron consolidar esta oportunidad y casi todas acabaron rápidamente olvidadas y formando parte solamente de alguno de los pósters que adornaron las habitaciones de los jóvenes durante décadas.

Las "chicas Bond" debían ser, por supuesto, muy guapas, no demasiado jóvenes, estar dispuestas a meterse en la cama con 007 y en muchas ocasiones convertirse en las malas de la película, acabando la mayoría muertas de un disparo o víctimas de una gigantesca explosión. La que sobrevivía, casi siempre una solamente, debería rendir cuentas a James Bond y hacer el amor con él antes de que apareciera la palabra "Fin".

Otras chicas ni siquiera tuvieron la suerte de besarse con el héroe y se conformaron con ser parte de los ejércitos de los malvados o danzar desnudas entre tinieblas durante los largos y bien elaborados títulos de apertura.

La primera chica mundialmente reconocida y que supo aprovechar bien su oportunidad fue Ursula Andress, la escultural y valiente chica que aparece bruscamente en la isla del Dr. No dispuesta a matarle por haber liquidado a su padre. Su aparición en la pantalla, saliendo entre las olas del mar con un bikini apoteósico y portando un cuchillo en la cintura, produjo no pocos desmayos entre los espectadores. Posteriormente hizo lo que pudo por mantenerse dignamente como estrella del cine, y su declive fue tan lento como la pérdida de su belleza.

Daniela Bianchi era una italiana que había sido Miss Universo y protagonizó el principal personaje femenino en "Desde Rusia con amor", mientras que en "James Bond contra Goldfinger" fue Honor Blackman la que después de hacerle la puñeta se acuesta con Bond, desplazando a las guapas Shirley Eaton, que moriría asfixiada en su baño de oro, y a Tania Mallet, que era decapitada por el acorazado sombrero de Harold Sakata.

En "Operación trueno" teníamos a Claudia Auger como Dominó, y a Luciana Paluzzi como la malvada Fiona a las órdenes de Largo. Posteriormente, en "Sólo se vive dos veces" estaban Akiko Wakabayashi en el papel de Aki y Karin Dor, en el de Helga, aunque ninguna de ellas logró hacer perder la cabeza a 007.

Después llegó "Diamantes para la eternidad" con la delicada Jill St. John en el papel de Tiffany, la chica secuestrada por el malvado, que se pasea casi toda la película en un minúsculo tanga, y en "Nunca digas nunca jamás", nuestro actor preferido se codea nada menos que con dos superbellezas: Bárbara Carrera, que vuelve a interpretar al personaje de Fiona, y la maravillosa Kim Basinger, quien no dejó pasar su oportunidad de ser una chica Bond y alcanzó poco a poco el estrellato.

A Roger Moore tampoco le han tocado chicas feas y en "La espía que me amó" le ama con la misma pasión que le odia Bárbara Bach y en "Moonraker" Bond debe salvar de morir a Lois Chiles, quien le premia con un fuerte achuchón por librarle del malo "dientes de acero", aunque no llega a tiempo para evitar que unos perros salvajes se coman con deleite a Tania Mallet.

En "Sólo para sus ojos" es Carole Bouquet la chica que le enamora, mientras que Cassandra Harris (ex mujer en la vida real de Pierce Brosnan) es atropellada en una playa.

En "Octopussy" tiene a su lado a la guapa rubia Maud Adans, precisamente como Octopussy, mientras que en "Panorama para matar" debe pelear con dureza para no ser aniquilado por la andrógina Grace Jones, aunque menos mal que posteriormente le consolará la guapísima Tanya Roberts, la ex Ángel de Charlie.

Otras chicas no menos agraciadas que acompañaron a Bond fueron Talisa Soto en "007 con licencia para matar", Jane Seymour en "Vive y deja morir", Maryam D'Abo en "Alta tensión" y la exquisita Diana Rigg en "Al servicio secreto de su majestad". Tampoco nos podemos olvidar de Izabella Scorupco en "Goldeneye" y Teri Hatcher en "El mañana nunca muere".

ENTREVISTA MUY PERSONAL

El siguiente capítulo consta de un resumen de las principales entrevistas que Sean Connery ha concedido a lo largo de su dilatada carrera artística. Algunos datos nos han sido suministrados amablemente por diversos clubes de fans.

—*¿Cuándo conoció su primer triunfo en el cine?*
—Empezó con el estreno de "Dr. No" en 1962, aunque sería posteriormente, justo un año después, con "Desde Rusia con amor", cuando el mito de James Bond comenzó a nacer y me empezaron a llegar ofertas para hacer otro tipo de películas.
—*¿Tuvo éxito con ellas?*
—Al nivel de crítica no fueron bien acogidas, pero el público reaccionó muy bien con "La mujer de paja", al lado de Gina Lollobrigida, y con "Marnie la ladrona".
—*Pero a ninguna de estas dos películas se las recuerda como algo de interés...*
—Es cuestión de criterios, pero yo considero a "Marnie" una de mis mejores películas y a su director Hitchcock como una persona agradable, simpática y con un agudo sentido del humor. Desde ese día nos hicimos amigos y yo les visité, junto a su esposa Alma, hasta que ambos fallecieron.

—¿*Cuál es su opinión de su oponente femenina en esa película?*

—Había que buscar una sustituta para Grace Kelly, después de que el Principado de Mónaco hubiera rechazado la oferta de Hitchcock, y la mejor opción era Tippi. Se parecían físicamente pero ahí acababa toda la similitud. Recuerdo que su frialdad como persona era tan alta como en la película; no llegamos a congeniar.

—*¿Y luego?*

—Volví a interpretar a 007 en "Goldfinger", que fue un nuevo triunfo, aunque por ese compromiso tuve que rechazar la oferta de John Ford para intervenir en "El soñador rebelde". Mi papel era el de un irlandés llamado Sean Cassidy y fui sustituido por Rod Taylor, aunque finalmente John Ford abandonó a los pocos días el rodaje a causa de su enfermedad.

—*"Operación Trueno" fue la cuarta película de Bond y la tercera con el director Terence Young, ¿no?*

—Young también tenía un compromiso con la productora y ésta era la última pactada. En esa época también probé fortuna con Sidney Lumet en "La colina", pero fue igualmente un fracaso económico.

—*Aun así, ya estaba deseando dejar su papel como James Bond...*

—Mi intención era no encasillarme y poder hacer otro tipo de papeles más complejos, como el que hice en "Un loco maravilloso" al lado de Joanne Woodward, pero nuevamente estuvo marcada por el fracaso en taquilla. Empecé a pensar seriamente la posibilidad de alejarme del cine una larga temporada y volver cuando el público se hubiera olvidado de mí como 007.

—*¿Y su contrato con la productora?*

—Solamente estaba comprometido para una más, aunque anteriormente les hice llegar mi intención de abandonar antes. Mi última película sería "Sólo se vive dos veces", rodada casi íntegramente en Tokio, lo que me hizo odiar aún más al personaje. En aquél país no logré tener ni un segundo de intimidad a causa de los fotógrafos.

—*Y por fin el descanso.*

—Estuve un año buscando una casa y un país donde aislarme y me topé con Marbella, un pequeño pueblo costero español lleno de turistas alemanes. Ése fue el motivo para que aceptara rodar en España "Shalako" al lado de Brigitte Bardot, una actriz que nunca tuvo aceptación fuera de Europa.

—*¿Cuándo regresa al cine?*

—En 1969 con "Odio en las entrañas", película de la que guardo un especial cariño por haber sido rodada en Irlanda. Desde allí y sin descansar me fui al Canadá para rodar la historia de un explorador muy popular llamado Nobile. Fue una buena época a pesar del frío tan intenso que tuvimos que soportar en tierras del Ártico e hice una buena amistad con Peter Finch y Claudia Cardinale.

—*Después vuelve con Sidney Lumet, con quien había rodado "La colina", e interviene en una comedia policíaca titulada "Supergolpe en Manhattan".*

—En realidad, con Lumet volví a trabajar en 1972 en la película "La ofensa", con la cual pretendía realizar un personaje más dramático.

—*¿Se había olvidado ya de James Bond?*

—Yo sí, pero los aficionados me reclamaban a través de miles de cartas y cuando Saltzman y Broccoli me propusieron rodar una nueva película les pedí una cantidad desorbitada para que me dejasen en paz. En lugar de ello me dijeron que aceptaban y les exigí, además, un porcentaje de las recaudaciones, e hice "Diamantes para la eternidad".

—*Otro gran éxito.*

—A nivel económico el mejor de todos, lo que me dejó

en una buena posición financiera para rechazar nuevos papeles de James Bond. Bueno, en esa época tuve un bache económico al divorciarme de mi primera mujer, Diane Cilento. Con el fin de no tener que pleitear largamente y poder tener libertad para viajar, acepté sus pretensiones económicas y la dejé mi casa de Londres, además de una buena cantidad para mantenerla a ella y los dos hijos.

—*¿Mantiene una buena relación con su ex?*
—Solamente la imprescindible; apenas nos hemos visto desde entonces. Con mis hijos, ya mayores, no tengo problemas y pasan mucho tiempo conmigo cuando su trabajo se lo permite. Mi hijo Jason ha seguido ya mis pasos y tiene bastante éxito en el cine y el teatro. La película "Skymaker", basada en la vida de Ian Fleming, estaba protagonizada por él.

—*¿Qué hizo después de su divorcio?*
—Creo recordar que fue "Zardoz", una fantasía sobre una sociedad degenerada del futuro. Después Sidney Lumet volvió a llamarme para que hiciera un pequeño papel en "Asesinato en el Oriente Express", película que tuvo un gran éxito y en la que intervine junto con muchos grandes actores.

—*¿Cómo conoció a su segunda esposa, Micheline?*
—Fue en un torneo de golf celebrado en Marruecos. Allí concursaba también el que por entonces era su marido y nos hicimos todos muy amigos al quedar los dos campeones. Después vino el amor, su divorcio y nuestra boda, procurando especialmente no separarnos a causa de nuestro trabajo. Para mí Micheline apareció en una época en la cual necesitaba una estabilidad familiar de la que carecía.

—*¿Cómo fue su trabajo con John Huston?*
—Yo le había conocido como actor en el filme "El viento y el león" en 1975 y por eso quedamos emplazados para trabajar juntos, él como director, en "El hombre que pudo reinar", que estaría basada en una novela muy popular en Inglaterra. Fue un rodaje complicado por la gran cantidad de

extras que requirió, pero el sentido de humor de Michael Caine alegró a todos el trabajo.

—*¿Y después volvió a España?*

—Sí, para el rodaje de "Robin y Marian" al lado de Audrey Hepburn. El rodaje se hizo en Navarra y trataba de los últimos días de Robín de los Bosques. Recuerdo especialmente la historia, sumamente conmovedora, y a Audrey, así como a Richard Harris. Desgraciadamente el filme no tuvo mucho éxito en su momento, aunque ahora los aficionados lo consideran una buena película.

—*¿No consiguió rodar ninguna película tan comercial como las de James Bond?*

—Intenté varias historias, en apariencia todas muy buenas, como "El árabe", que estaba centrada en el grave problemas de Occidente al tener que depender del petróleo árabe, y también hice un pequeño papel en "Un puente muy lejano", de nuevo compartiendo trabajo con Michael Caine. Allí también estaban Robert Redford, Laurence Olivier y Gene Hackman. Después hice "El primer asalto al tren" y más tarde "Meteoro".

—*Un nuevo fracaso comercial, ¿no?*

—No tanto como los críticos afirmaron, ya que no tuvo pérdidas. De todas maneras yo soy un actor que se limita a trabajar y no me preocupa demasiado el éxito comercial de una película, puesto que no es responsabilidad mía.

—*¿Cuándo volvió a España?*

—Mi mujer y yo teníamos ya una casa en España, en el Norte, pero la habíamos vendido para irnos a vivir a un clima más cálido como el de Marbella. En ese año el director Richard Lester me pidió que interpretase el principal papel en una obra política llamada "Cuba". Lógicamente los escenarios no podían ser aquéllos, ya que se iba a realizar una crítica contra Castro, por lo que se rodó en Cádiz, muy cerca de nuestra casa.

—*Serían unas buenas vacaciones pagadas...*
—Fueron un auténtico desastre, tanto como la película. El rodaje estuvo salpicado de tantos inconvenientes que se me hizo insoportable y prefiero no recordar aquellos días. Creo que se trata de la peor película de toda mi carrera. En ese momento decidí abandonar el cine.
—*¿Por qué reincidió?*
—Estuve apartado dos años y hubiera continuado de no ofrecerme dos proyectos que consideré interesantes.
—*Pero se podía haber equivocado de nuevo...*
—Afortunadamente no fue así. El primero era un remake de "Sólo ante el peligro", pero ambientado en el futuro, en una estación espacial en la que tratan de matarme unos forajidos y todo el mundo me da la espalda, "Atmósfera cero". Fue un gran éxito de taquilla. El otro filme era una película fantástica y cómica de los Monty Python, titulada "Los héroes del tiempo". Es una película que mis hijos han visto un montón de veces y que habla de personajes mitológicos y gigantes. Yo hago un corto papel como el rey Agamenón.
—*Luego volvería al cine de espías...*
—Sí, fue una buena película al lado de Leslie Nielsen; se titulaba "Objetivo mortal" y yo era un reportero de televisión. Para variar, después hice una cosa más sentimental con Fred Zinneman que rodamos en Suiza. Mi papel ya era el de un hombre maduro que se enamora de una jovencita, quien a su vez termina enamorada de alguien más joven que yo.
—*¿Esa película le hizo ser consciente del paso de los años?*
—No más consciente que antes de rodarla. Nunca he querido disimular mi edad, ni las canas ni la calvicie. No es algo que me preocupe.
—*¿Cómo fue su retorno a 007?*
—Quizá es que quería demostrar que verdaderamente no me preocupaba la edad y que podía seguir interpretando

cualquier tipo de papel. En ese año Roger Moore había estado bastante acertado en su papel de James Bond y los aficionados le empezaban a aceptar. Sus películas recaudaban buenos resultados y la Warner aún disponía de los derechos del guión de "Operación Trueno". Me llamaron para que realizase un remake de esa película, la mejor de todas, y acepté más por orgullo que por otra razón. Además, mis antiguos productores no se habían portado bien conmigo y deseaba devolverles la jugada.

—*Pero ¿cómo logró dar el tipo con cincuenta años encima?*

—Con cincuenta y tres, para ser exactos. Yo estaba algo más gordo y sobre todo más calvo, así que me sometí a un duro entrenamiento físico y una dieta adelgazante, mientras que el resto fue cosa del maquillador y del peluquero. La película fue un éxito extraordinario, lo mismo que "Octopussy" con Roger Moore. Quedaba demostrado que el personaje de James Bond todavía era popular.

—*¿Pudo elegir ya con más precisión sus siguientes papeles?*

—Todos no, puesto que tenía algunos contratos firmados con anterioridad. "El caballero verde", con Peter Cushing y donde yo salía con un traje increíble todo verde, y "Los inmortales", con Lambert, fueron dos películas que casi prefiero olvidar. En esta última yo era un caballero escocés que nunca muere, a no ser que me corten el cuello, mientras Lambert hacía de héroe.

—*Aun así, la película es todo un éxito y realizan una secuela.*

—Mi intervención en la segunda parte era un compromiso y me limité a unos pocos minutos, aunque siguieron utilizando mi nombre en la promoción de la película.

—*¿Cuál es en su opinión su mejor película después de James Bond?*

—A pesar de las críticas, me gustó de una manera especial "El nombre de la rosa". Es difícil traspasar una novela tan compleja a la pantalla y debe hacerse de una forma muy dinámica, sin recrearse en los personajes. Fue una película que triunfó en muchos países y fracasó rotundamente en otros. Por eso es fácil recoger opiniones para todos los gustos.

—*¿Y después?*

—En 1987 Briam de Palma me propone realizar un papel secundario en una historia sobre Elliot Ness, basada en la serie de televisión, al lado de Robert de Niro y Kevin Costner. Yo acepté sin mucho entusiasmo, quizá porque hubiera deseado ser Elliot Ness en lugar de Malone, pero el resto ya lo saben ustedes.

—*Le concedieron el Oscar el mejor actor secundario.*

—Sí y la película fue un éxito absoluto de taquilla. Después volví a realizar un thriller en "Más fuerte que el odio", que rodamos en San Francisco, y a los pocos meses me llamó Steven Spielberg para que hiciera el papel de padre de Harrison Ford en "Indiana Jones y la última cruzada".

—*Dicen que consiguió más aplausos que Harrison Ford.*

—No lo creo, mi personaje era muy agradable y hasta cierto punto cómico, pero la obra se sostenía por Indiana. Además, mi papel sirvió para afianzar mi carácter irónico y filmé "Negocios de familia", con otro gran actor como Dustin Hoffman.

—*Como abuelo...*

—Como padre de Hoffman y abuelo de Broderick. De todas maneras me quise quitar el estigma de estar envejeciendo y mi siguiente papel era muy duro, como capitán de un submarino soviético nuclear en "La caza del Octubre Rojo". La rodamos en Los Ángeles y me proporcionó otro trabajo similar en mi siguiente película, "La casa Rusia", en donde hacía un bonito papel de contraespionaje al lado de Michelle Pfeiffer.

—¿Cómo fue lo de volver al personaje de Robin Hood?
—También he vuelto al de James Bond. Además, el público quería vernos de nuevo juntos a Costner y a mí. Mi papel, no lo puedo negar, fue apoteósico como Ricardo Corazón de León, tan apoteósico como el millón de dólares que cobré por una interpretación de apenas treinta segundos.

—Perdóneme que le sea sincero pero, ¿no le dio vergüenza cobrar esa cantidad?
—Tanta como mi pequeña intervención en "Los inmortales II", o sea, nada. Ya le he dicho que yo soy solamente un actor que hace lo mejor que sabe su trabajo y no me cuestiono, ni me preocupa, los asuntos financieros de las películas que interpreto. Además, ya veo que este dato no lo conoce usted, el dinero que gané lo destiné a obras de caridad relacionadas con la infancia. La condición que le puse a Costner para este pequeño papel era que mi nombre no debería aparecer en la publicidad de la película y ni siquiera en los títulos de crédito. Por eso esta película no aparece en muchas de mis biografías.

—Verdaderamente desconocía este dato tan altruista por su parte.
—No es usted el único. También acepté interpretar la película "Los últimos días del Edén" porque estaba indignado de lo que estaban haciendo las compañías madereras en la selva amazónica. El proyecto me entusiasmó tanto que me convertí en productor ejecutivo, además de actor, para evitar que se perdiera tan noble idea. La película la filmamos cerca de Veracruz, en una zona que recuerda mucho a la selva del Amazonas. No sé si recordará que la presenté yo mismo en su país ante la televisión.

—¿Dónde vive en la actualidad?
—Tengo una casa en Marbella, otra en Londres y una mayor en Los Ángeles, además de un rancho de seiscientos acres en Iowa.

OPINIONES DE LOS FANS

Sobre *"Nunca digas nunca jamás"*

Para muchos aficionados, la película "Nunca digas nunca jamás" es la mejor de todas las películas que se han realizado sobre James Bond.

Cuando se hizo "Desde Rusia con amor", en la que salía esa malvada mujer que asesinaba con arsénico y con sus afiladas cuchillas que salían de sus zapatos, y "Goldfinger", donde un hombre oriental manejaba con destreza una katana, consiguieron aportar al cine dos de los mejores personajes de la historia.

"Nunca digas nunca jamás" aporta una gran virtud con relación a las anteriores epopeyas de Bond; la gran belleza de los paisajes naturales en donde se desenvuelve, algo que hubiera merecido pasar a las páginas documentales de National Geographic. Tanto los decorados de fondo, como los panoramas rodados en la Riviera francesa y Las Bahamas, constituyen una auténtica novedad en una serie plagada de decorados artificiales.

"Como ya nadie duda en ningún lugar del mundo, Sean Connery ha sido con gran diferencia el mejor actor que ha interpretado a James Bond, la fantasía inglesa de espías, aventuras y amores. Su última y definitiva película ha logrado rejuvenecer a 007 como ninguno de los otros actores lo ha conseguido. Esta extraordinaria película es sumamente agradable para los aficionados, aunque puede parecer altamente tóxica para las feministas."

"La única conclusión cierta que podemos sacar es que ninguno de los sustitutos de Connery logrará hacerle sombra. Sean Connery es Bond, y si alguien lo pone en duda puede ver de nuevo algunas de las películas de Roger Moore o las más recientes de Pierce Brosnan. Los fans podrán poner en un cartel la frase 'Nunca digas Roger Moore ni Pierce Brosnan, nunca jamás'. Es como comparar un Rolls Royce con un Seat.

'Nunca digas nunca jamás' fue un gran éxito en el mundo entero, varios años después de que Connery hubiera renunciado al personaje y después de que otros actores intentaran que le olvidáramos. Se trataba de un remake de 'Thunderball', una película bastante buena en su época, pero que fue plenamente superada ahora. En la primera, si no recordamos mal, la Tierra estaba amenazada por Spectra, una organización que había robado unas cabezas nucleares a los Estados Unidos y quería utilizarlas como chantaje al mundo entero.

El malvado de la película se llama Largo, quien anteriormente alimentaba a sus pirañas con carne humana fresca que tiraba en la piscina que había detrás de su casa, aunque en ocasiones delegaba esa cruenta misión en otras personas. En esta ocasión, el personaje de Largo es interpretado por Klaus Maria Brandauer.

Largo tiene como delegada principal a Fátima, una guapa chica que es muy experta con las bombas, las serpientes, los vestidos exóticos y las pasiones sexuales salvajes. Ella es interpretada deliciosamente por Bárbara Carrera, una belleza de tez oscura que provocó apetitos exóticos en Bond."

"Connery, a sus cincuenta y dos años, está decisivamente vital en su papel principal. A pesar de que para muchos estaba ya pasado de edad, su trabajo no desmerece en absoluto de otros anteriores y casi podríamos asegurar que los años le han agregado mayor encanto, hasta el punto de convertirlo en un mito viviente. Su eterna condición de aventurero y amante, al igual que los legendarios piratas que surcaron los siete mares, le convierten en un actor único en la historia."

"Bond en esta película es una serpiente humana, si es usted su enemigo, pero una serpiente que come solamente hojas de seda si es una bella mujer.

Kim Basinger, con su bellos y rellenos labios y su cabellera rubia, tiene aptitudes artísticas que pueden ser discutibles, pero cuando se muestra en bañador se lo perdonamos todo, menos que se vaya de la escena. Como la amiga de Largo, nosotros creemos que ha sido engañada por ese villano, una de las mayores bestias del mundo.

Como una esclava de las joyas, los yates y las fiestas, Basinger llega a ser un objeto de deseo para nuestro héroe, quien siempre necesita que una mujer bonita le rescate."

"Nuevamente, la película supone una droga tóxica para las feministas, aunque las mujeres en las películas de Bond tengan mucha más valentía y agresividad que las que estamos habituados a ver. En esencia, ellas son tan sexualmente liberadas como el mismo Bond, pero lo que ocurre es que al final siempre acaban muriendo por malvadas."

"Hay otras muchas cosas que apreciar sobre 'Nunca digas nunca jamás', como la dirección de un experto en temas fantásticos como es Irvin Kershner, quien ha dirigido también 'El imperio contraataca'.

Como resumen, podemos decir que Kershner ha insistido sobre el personaje y la acción y los ha tomado como los ingredientes básicos de esta película. Ha rehusado dar un giro rotundo a esta película de los 80, evitando aportar una gran tecnología y efectos especiales que hubieran supuesto un contraste demasiado brusco con las anteriores.

De cualquier manera, Kershner parece haber tenido muy presente que 'Nunca digas nunca jamás' debe ser primariamente una película, no un juego de vídeo. De hecho, la película pierde categoría cuando sale un vídeojuego entre Bond y Largo. La escena es un total absurdo, y debería haber sido desechada en favor de un juego de ruleta o una competición de otro tipo."

"En 'Nunca digas nunca jamás', un remake de 'Thunderball', nos encontramos con un tipo de fotografía submarina habitual en otras películas. Aunque algo extravagante, es sumamente hermosa y se la debemos a la empapada batuta fotográfica de Ricou Tostat, quien también hizo 'Profundidad 6' y algunas secuencias en 'Thunderball', estando presente igualmente como jefe artístico en las películas de 'Flipper'."

"'Nunca digas nunca jamás' muestra a un Bond mucho más furioso que en sus anteriores filmes. Como secuencias destacables tenemos la violenta persecución en automóvil y la lucha en el mar contra el tiburón. Si consideramos que desde el año de su estreno, en 1983, las películas de acción han estado marcadas por los efectos especiales, en este caso la sorpresa es mucho más agradable y más excitante.

Realizada con suma elegancia, como es habitual en casi todas las películas de Bond, 'Nunca digas nunca jamás' responde perfectamente a la imagen que tenemos de ella. El guionista es Lorenzo Semple, Jr., quien sustituye al habitual Ian Fleming por imperativos legales. En esta su última película, Sean Connery está de nuevo encantador, garboso, ingenioso, natural, elegante, logrado y, como siempre, con sus impecables zapatos bien limpios."

"En la vida verdadera, estos trabajos son una dura carga para la mayoría de las personas, y frecuentemente producen problemas emocionales, impotencia y agotamiento. Connery, afortunadamente, está por encima de su personaje y siempre tiene fuerzas para hacer el amor después de una atroz pelea y de continuar en el mundo del cine."

CÓMO ME ENGANCHÉ A JAMES BOND

La primera película que yo vi de 007 fue "Dr. No", que había comprado en un Vip a precio de saldo un día que estaba aburrido. No tenía mucho interés en ella pero la oferta incluía un documental sobre el apareamiento de las tortugas, que pensaba mostrar a mi mujer esa misma noche.

La película sobrepasó tanto mis expectativas de entretenimiento que decidimos dejar el documental (y otras cuestiones) para otra ocasión. El filme era tremendamente excitante y con un ritmo tan frenético que nos impedía respirar correctamente. Desde ese día, mi mujer y yo nos convertimos en adictos a 007, aunque ahora compaginamos la película con otras obligaciones.

Después nos interesamos vivamente por Sean Connery, tratando de comprender al hombre y su leyenda. Comenzamos a leer cuantos libros encontrábamos en el mercado y durante esa época conseguimos alquilar en un blockbuster "Cinco días, un verano", "Robin y Marian", "El viento y el león", "La ofensa", "Cuba", "El nombre de la Rosa", "El gran asalto al tren", "Meteoro", "La casa Rusia" y "El caballero verde". Por desgracia, muchas de estas películas me impidieron atender mis obligaciones personales nocturnas, aunque debo reconocer que la mayoría de las veces era mi mujer quien no quería atenderlas.

Reconozco que algunos de los filmes son mediocres, pero en todos está el señor Connery, y en muchos casos su trabajo es suficiente para darle interés al argumento. Si debo elegir un par de películas me quedaría encantado con "Robin y Marian" y "El gran asalto al tren". Después compré otras para mi videoteca y elegí "El hombre que quiso reinar", "Indiana Jones y la última cruzada", "Los inmortales" y "Zardoz", aunque todavía no tengo muy claro por qué elegí estas y no otras.

Opiniones sobre *"Robin y Marian"* (1976)

"Robin y Marian" es mi película favorita de Sean Connery, y una de las mejores de todos los tiempos. Es una mirada hermosa y sugestiva sobre la leyenda de Robin Hood (Sean Connery), sus abatimientos y las fragilidades humanas que aparecen a nuestros pies, nunca antes tratados de una manera tan humana, tan verdadera. Robin es noble y valeroso, pero también ignorante y analfabeto. Él no está seguro de su destino o lugar, y sigue ciegamente a su rey (Ricardo Corazón de León), interpretado por Richard Harris, allá por las Cruzadas, y durante veinte años testificando matanzas y atrocidades de inconcebible crueldad. Mirando hacia atrás y repasando sus años pasados, él cavila: "Yo apenas si he perdido una batalla, y aún no sé si he conseguido la victoria." Anciano y desilusionado, está poco convencido de sus elecciones en la vida y duda de cuál debe ser su dirección y propósito ahora que su rey está muerto.

Little John (Nicol Williamson) ha permanecido leal al lado de Robin a lo largo de los años, siendo encarcelado con él cuando desafiaron finalmente al rey Ricardo. Sin un rey para servir, los dos cansados guerreros toman el único camino posible en su vida, el regreso a Inglaterra y Sherwood.

Ésta es la premisa básica, y lo que sigue es una historieta de melancolía romántica, contada como una leyenda. Robin Hood ha crecido durante muchos años entre las enredaderas y los arbustos del bosque, y aún son visibles restos de lo que fueron campos de labranza. Sus hombres han quedado dispersados o han muerto (a excepción de Scarlett y el Fraile), mientras que el corregidor (Robert Shaw) es todavía tan poderoso como siempre. Muy disconforme con todo, Robin va en busca de Marian (Audrey Hepburn), que se ha metido a monja y vive en una abadía cercana.

Robin y sus restantes hombres se reúnen, Marian es "secuestrada" y toman Sherwood, mientras que el corregidor comienza a planear su captura. El romance trágico entre Robin y Marian es muy bello, tanto literalmente como la interpretación, y nos muestra facetas exquisitas de las emociones humanas. La química entre Connery y Hepburn es mágica, con un amor tan puro y humano, que instantáneamente nos enciende nuestra pasión. Su amor trasciende verdaderamente a todas las mujeres y, aunque los atractivos de la carne (el sexo, para hablar claro) parecen aquí olvidados, sabemos que se desatará en el momento en que puedan estar a solas.

La rivalidad clásica entre el corregidor y Robin aumenta, y se declara un fiero enfrentamiento, con Robin como vencedor. Sin embargo, él acaba herido mortalmente y Marian y John escapan con Robin a la abadía, donde Marian se administra un veneno mortal a sí misma y a Robin. Marian, dándose cuenta de que éste es su último día con Robin, de su gran victoria, y que él no se recuperará nunca, afirma que ella le ama más que nunca y más que a Dios.

Como a Robin nadie le ha pedido permiso para morir, está primeramente asustado y escandalizado, pero finalmente acepta el hecho (¡qué remedio!) de que está pronto para morir y dice: "Yo no había tenido nunca un día como éste", y entonces dispara una flecha desde la ventana, pidiendo que John les entierre donde haya caído. Más poético imposible.

Todos los héroes de nuestra niñez se han hecho mayores y más fascinantes especialmente cuando han muerto. Ellos pueden ser poéticos y románticos, o irónicos y trágicos. Ninguno es completo, aunque su leyenda nos sigue conmoviendo. Todos los hombres mueren (y las mujeres), y cuando esto ocurre en esta película Robin nos parece mucho más humano, respirando fatigosamente y logrando que su leyenda comience en ese mismo momento. Un día grandioso, después de haber derrotado a su enemigo de toda la vida, acompañado en su lecho por todos sus hombres, jóvenes y viejos.

Nunca podría haber otro día más perfecto en la vida de una leyenda. Una muerte estupenda.

Opiniones sobre *"Los Inmortales"* (1986)

"Muy raramente se hace una película tan original y de tanto éxito como 'Los Inmortales'. Con el tiempo, ha permanecido como una película de 'culto', a pesar de haber pasado inadvertida en su momento por la crítica.

Como con tantas películas que están adelantadas a su tiempo, 'Los Inmortales' marcó una línea a seguir para otras producciones, con sus saltos en el tiempo, en esta historieta de Connor MacLeod. El antidefinitivo héroe Connor es solemne, desilusionado y sobre todo inmortal. Christopher Lambert está excelente como MacLeod, y su personaje tiene cierta aura sobrenatural de verosimilitud. Fácilmente podemos aceptar que él ha vivido hace cuatrocientos años. Detrás de su mirada frecuentemente yacen los horrores, agonías, regocijos y amores de sus muchas vidas pasadas."

"El personaje central está dotado de 'los horrores de inmortalidad', un subgénero de ciencia-ficción que no es único, pero que raramente se ha usado hasta ahora con efectividad. La inmortalidad ha tomado posesión de nuestro guerrero díscolo, tanto que él aprende de sus experiencias y permanece incierto sobre su presente y futuro. Hay una escena muy específica, donde Connor, con su mirada descendente, como si estuviera en un trance, va hacia su domicilio de Nueva York. Cuando llega, él observa un montón de objetos que ha acumulado con el paso de los años. Allí, rodeado por el pasado, las capas del tiempo se amontonan en su mente, exponiendo su lejano pasado y obligándole a que no disfrute de su presente. Con muy poco esfuerzo, uno puede imaginar el malestar que sus memorias pueden ocasionarle a su psiquis. Es una gran escena, la mejor de todas, antes del primer largo flash-back, cuando él parece físicamente 'sacudido' porque la memoria le tortura su conocimiento."

"Los sucesivos flash-back fluyen naturalmente y sirven únicamente para enriquecer el significado total. En ningún momento el espectador se siente abrumado, aceptando estos cambios con facilidad. Todo lo contrario que sucede en las siguientes revisiones y capítulos de televisión, en donde se muestran ya innecesarias y empalagosas.

El papel de Sean es relativamente breve como Juan Ramírez y en ocasiones parece forzada su inclusión. Nos cuentan que estaba ya vivo desde antes del nacimiento de Cristo, y que ha viajado por todo el mundo. Habiendo perdido su gran amor, casi dos mil años antes, él busca ahora evitar que Connor pueda llegar a tener un dolor similar. También le sirve como instructor y educador del conocimiento. Le cuenta las reglas de su eterna existencia y cómo puede conducirse, y entonces desaparece. Connery tiene algún memorable diálogo, y la química entre él y Lambert es perfecta."

"Durante esta escena, el mayor flash-back de la película, nosotros aprendemos el destino de Juan Kurgan, el enemigo de Ramírez, tratando de matar también a Connor. Los años de los Inmortales pasan como un relámpago, simbolizando así la brevedad de la existencia, mientras que Heather se hace más vieja, hasta que muere en brazos de su esposo, llena de un gran anhelo por permanecer con él, para siempre. Así, su primera vida llega a su fin. Él toma la espada de Juan, quema su casa y entierra a su esposa, mientras comienza a buscar un nuevo lugar para sí mismo en el mundo."

"MacLeod encuentra un amor posible en Brinda, una astuta e inteligente mujer joven, a quien confía su secreto. Sin embargo, habiendo tenido únicamente un gran amor en su vida, y después de aguantar su muerte, él está asustado e incierto con respecto a su capacidad para amar nuevamente. Aunque cuando ella es raptada por Kurgan, Connor reacciona con efectividad para matar a su adversario, logrando así erradicar un viejo problema. Hay, a lo largo de la película, el sentido de que MacLeod es 'el desvalido', peleando siempre para sobrevivir contra un enemigo superior, contando únicamente con "corazón, fe y acero".

"Por fin consigue triunfar sobre Kurgan, y él gana el 'premio', el completo conocimiento acumulativo de todos los inmortales que habían vivido hasta ahora. Con esto, él está seguro de que será capaz de ayudar al mundo a comprenderse así mismo. Él se otorga la mortalidad y la oportunidad para vivir y tener hijos, para amar y envejecer. Consigue comenzar donde todos los inmortales comenzaron, con un nuevo amor y una oportunidad para vivir una vida verdadera."

MINIBIOGRAFÍA APORTADA POR UN CLUB DE FANS

Sean Connery es un individuo verdaderamente fascinante y tiene una vida igualmente interesante, aunque no ha ido siempre sobre ruedas. Después de tener que superar la pobreza que golpeó su niñez, además de una gran variedad de profesiones (algunas desagradables), un primer matrimonio tempestuoso y algunas críticas que le auguraron un sonoro fracaso en el cine (una de ellas le decía que era demasiado viejo para ser un actor de éxito), ha conseguido colocarse como una gran estrella mundial.

Sean nació en Fountainbridge, cerca de Edimburgo (Escocia), el 25 de agosto de 1930. Sus padres eran pobres, aunque pudieron sacarle adelante. A una edad muy temprana Sean mostró tener buenas cualidades atléticas, e incluso analizó la posibilidad de ser jugador de fútbol profesional.

Cuando lo meditó, cambió su rumbo y se alistó en la Marina Real, pero una aversión intensa hacia la autoridad, más una úlcera duodenal, le condujo a otra parte. Ahora era un frustrado, aunque determinado hombre joven, e intentó ahogar su enfado levantando pesas, y representó a Escocia en el concurso de Mister Universo de 1953.

Sean conoció en esa época a un norteamericano llamado Robert Henderson, que le introduciría en el mundo del teatro, trabajando en obras muy importantes.

Después de trabajar en distintos papeles mediocres o como extra en películas sin éxito, Sean consiguió un papel respetable en la película de Disney "Darby O'Gill and the Little People". Después actuaría en películas más memorables, como "El día más largo", en donde compartió cartel con actores muy famosos, mostrando ya en la pantalla su imagen de escocés encantador.

Para Sean su verdadera oportunidad llegó cuando firmó (a pesar del disgusto de Ian Fleming y el director Terence Young) el principal papel en "Dr. No", la primera de la larga serie sobre James Bond. Sean se convirtió inmediatamente en una superestrella y ha seguido así hasta el día de hoy.

Sin embargo, Sean se desilusionaría rápidamente por la incapacidad del público para aceptarle en otros papeles y de que no supieran diferenciar al actor del hombre. Su inquietud se multiplicó cuando tuvo varios fracasos seguidos al intentar abandonar al personaje de Bond, al mismo tiempo que los periodistas le recordaban en sus estúpidas entrevistas que solamente podría ser un eficaz 007, nada más. En ese momento decidió alejarse del mundo del cine una temporada, aunque su matrimonio con Diane Cilento iba cada vez peor, hasta que se divorciaron.

Finalmente, determinado a librarse para siempre de ese "cautiverio", Sean deja el papel de Bond al terminar la película "Sólo se vive dos veces". Su ausencia se cubre con George Lazenby, un modelo australiano. Sin embargo, "Al servicio secreto de Su Majestad" es un fracaso financiero y los productores Bróccoli y Saltzman determinan que hay que seguir buscando un nuevo actor. Esto les condujo a claudicar con Sean Connery y mediante un millonario contrato rueda "Diamantes para la eternidad", siendo una de las peores películas de la serie. La hostilidad entre actor y productores se acentúa y Roger Moore asumiría la dirección del timón en las futuras interpretaciones sobre James Bond, hasta un total de siete películas durante doce años.

Después de "Diamantes para la eternidad", Sean se mantuvo a flote en los años setenta con muy pocos éxitos cinematográficos. Muchas de sus películas de esa época fueron desastres financieros, aunque había algunas gemas, tales como la aventura épica de John Huston "El hombre que pudo reinar", junto a su amigo de toda la vida, Michael Caine; "Robin y Marian", y el divertido "El primer gran asalto al tren".

Una nota muy feliz ocurrió cuando Sean se casó con Micheline Roquebrune en 1975. Él y Micheline se conocieron mientras jugaban al golf (una de sus mayores pasiones) y ellos resultaron una pareja perfecta, permaneciendo felizmente casados desde ese día.

Connery, después de numerosas conversaciones, acepta volver a interpretar a James Bond en la película "Nunca digas nunca jamás". Como réplica, ese mismo año Roger Moore interpreta "Octopussy", consiguiendo ambas un gran éxito.

Entonces, en 1987, vino "Los intocables", y con ella el primer Oscar de Sean. Con esta película alcanzó la gran popularidad que ha mantenido hasta hoy.

Ahora es una leyenda viva, y ha conseguido disfrutar de su larga vida como actor. Con películas como "La roca" y "Causa justa", él ha demostrado que a pesar de sus largos sesenta años es el mejor actor, el más sabio y el más sexy, capaz de hacer desmayar a las jovencitas quinceañeras.

FILMOGRAFÍA

"Lilacs in the Spring" (1954)

Director: Herbert Wilcox.
Intérpretes: Errol Flynn, Anna Neagle y Sean Connery.

"Let's Make Up" (1955)

Solamente como extra.

"No Road Back"
(No Road Back, 1957)

83 minutos.
Director: Montgomery Tully.
Intérpretes: Sean Connery, Skip Homeier, Paul Carpenter, Patricia Dainton, Norman Wooland y Margaret Rawlings.

La historia sobre la ceguera y los sacrificios sordos de una mujer que entrega todo por su hijo y llega a estar implicada con criminales, quienes entonces intentan chantajearla utilizando a su inocente hijo.

Se trata de un melodrama y la primera película en la cual podemos empezar a hablar de Connery como actor.

"Time Lock"
(Time Lock, 1957)

Director: Gerald Thomas.

"Ruta infernal"
(Hell Drivers, 1957)

UK.
108 minutos.
Blanco y negro.
VistaVisión.

Productor: S. Benjamin Fisz.
Director: Cy Endfield.
Guión: John Kruse y Cy Endfield.
Intérpretes: Stanley Baker (Tom Yately), Herbert Lom (Gino), Peggy Cummins (Lucy), Patrick McGoohan (Red), William Hartnell (Cartley), Gordon Jackson (Scottie), David Mccallum (Jimmy Yately) y Sean Connery (Johnny).

La historia cuenta la vida de un conductor de camiones que lleva grandes cargas a través de caminos escabrosos, tratando de exponer sus problemas a su jefe.

"La frontera del terror"
(Action of the Tiger, 1957)

94 minutos.
Cinemascope.

Productor: Kenneth Harper.
Director: Terence Young.
Guión: Robert Carson.
Basado en una novela de James Wellard.
Intérpretes: Van Johnson (Carson), Martine Carol (Tracy), Herbert Lom (Trifon), Gustavo Rojo (Henri), Anthony M. Dawson (oficial de seguridad), Anna Gerber (Mara), Yvone Romain (Katina) y Sean Connery (Mike).

La acción se centra en la historia de un oficial norteamericano protagonizado por el veterano Johnson, quien se dedica a rescatar para Occidente a unos refugiados albaneses.

"Brumas de inquietud"
(Another Time, Another Place, 1958)

    US.
    98 minutos.
    Blanco y negro.
    VistaVisión.

    Productor: Joseph Kaufman y Lewis Allen.
    Director: Lewis Allen.
    Guión: Stanley Mann.
    Basado en una novela de Lenore Coffee.
    Intérpretes: Lana Turner (Sara Scott), Barry Sullivan (Carter Reynolds), Glynis Johns (Kay Trevor), Sean Connery (Mark Trevor), Terence Longdon (Alan Thompson), Sidney James (Jake Klein), Martin Stephens (Brian Trevor) y Doris Hare (Mrs. Bunker).

    Un convincente melodrama en el cual Turner sufre un colapso nervioso cuando su amante muere durante una incursión contra las tropas nazis.
    Filmada en Inglaterra, coincidió con los verdaderos escándalos amorosos de Lana Turner y su hija.

"Darby O'Gill and the Little People"
(Darby O'Gill and the Little People, 1959)

    US.
    Fantasía para niños.
    90 minutos.
    Color.

Productor: Walt Disney.
Director: Robert Stevenson.
Guión: Lawrence E. Watkin.
Basado en la obra "Darby O'Gill".
Historia de H. T. Kavanagh.
Intérpretes: Albert Sharpe (Darby O'Gill), Janet Munro (Katie), Sean Connery (Michael McBride), Jimmy O'Dea (King Brian), Kieron Moore (Pony Sugrue) y Walter Fitzgerald (Lord Fitzpatrick).

Disney nos ofrece esta fantasía sobre un guardián irlandés (Sharpe), quien cuenta tantas historietas falsas que nadie le cree cuando dice que él se parece al rey de Leprechauns.

Una delicia infantil, con acertados efectos especiales y algunos momentos verdaderamente aterrorizantes, conjuntamente con otros más enternecedores.

"La última noche del Titanic"
(A Night to Remember, 1958)

123 minutos.

Productor: William McQuitty.
Director: Roy Ward Baker.
Guión: Eric Ambler.
Basado en el libro de Walter Lord.
Intérpretes: Kenneth More (Herbert Lightoller), Ronald Allen (Clarke), Robert Ayres (Peuchen) y Sean Connery.

Un documental meticuloso producido al estilo de las grandes superproducciones, en el cual se cuenta el desastre que supuso el hundimiento del "insumergible" barco de pasajeros "Titanic". La combinación soberbia del espectáculo del desastre y los caracteres emocionales de los pasajeros es, sin embargo, inferior a otros intentos similares de Hollywood con respecto al "Titanic".

Este gigantesco transatlántico, orgullo de los astilleros ingleses, estaba dotado de un doble casco que debía hacerlo insumergible. Un iceberg gigante hizo impacto en una zona poco frecuentada e inundó diversos compartimentos. Cuando la tripulación fue advertida y se cerraron las zonas limítrofes, el excesivo peso del agua acumulada hizo escorar el buque de popa y esto produjo el resquebrajamiento de la estructura del casco, produciéndose rápidamente su hundimiento.

Especialmente logradas y emotivas las escenas finales del hundimiento, con una buena actuación de Kenneth More, tratando de poner a salvo en las pocas lanchas existentes a los más de dos mil pasajeros que había.

Se trata de una adaptación del drama real vivido por Eric Ambler y contado en el libro de Walter Lord.

Esta película ha sido objeto de una restauración y revisión de todo lo filmado, exhibiéndose en las pantallas de todo el mundo en pantalla gigante y con sonido estereofónico.

"La gran aventura de Tarzán"
(Tarzan's Greatest Adventure, 1959)

UK.
88 minutos.
Color.

Productor: Sy Weintraub y Harvey Hayutin.
Director: John Guillermin.
Guión: John Guillermin y Berne Giler.
Basado en una historia de "Les Crutchfield" y los caracteres creados por Edgar Rice Burroughs.
Intérpretes: Gordon Scott (Tarzán), Anthony Quayle

(Slade), Sara Shane (Angie), Niall MacGinnis (Kruger), Sean Connery (O'Bannion), Al Mulock (Dino) y Scilla Gabel (Toni).

El intento honrado de mejorar la calidad de la interminable serie de Tarzán nos lleva ahora a esta aventura tras la pista de un diamante por parte de unos cazadores sinvergüenzas, entre los que está un joven Sean Connery. Una historia con bastante acción que se rodó en escenarios naturales de África, algo inusual en las producciones norteamericanas, y por ello resulta una película algo más adulta que la mayoría de sus predecesoras.

Tarzán tiene en esta producción inglesa bastante más diálogo que en las anteriores.

Reestrenada como "La más increíble aventura de Tarzán".

"La ciudad bajo el terror"
(The Frightened City, 1961)

UK.
97 minutos.
Blanco y negro.

Productor: John Lemont y Leigh Vance.
Director: John Lemont.
Guión: Leigh Vance.
Basado en una historia de Vance y Lemont.
Intérpretes: Herbert Lom (Waldo Zhernikov), John Gregson (detective inspector Sayers), Sean Connery (Paddy Damion), Alfred Marks (Harry Foulcher), Yvonne Romain (Anya), Olive McFarland (Sadie), Kenneth Griffith (Wally), Patrick Jordan (Frankie Farmer) y Jack Stewart (Tyson).

Interesante denuncia cinematográfica sobre las pandillas de gángsters que tratan de extorsionar a los dueños de salas de fiestas y sitios de recreo. Aunque la policía ha logrado mantenerlos a raya, los mafiosos deciden unirse en un sindicato del crimen y bajo el mando de Zharnikov logran hacerse con el control.

"Operación Snafu"
(Operation Snafu, 1961)

> UK.
> 97 minutos.
> Blanco y negro.
>
> *Productor:* S. Benjamin Fisz.
> *Director:* Cyril Frankel.
> *Guión:* Harold Buchman.
> Basado en la novela "Stop at a Winner", de R. F. Delderfield.
>
> *Intérpretes:* Alfred Lynch (Horace Pope), Sean Connery (Pedlar Pascoe), Cecil Parker (capitán del grupo Bascombe), Stanley Holloway (Cooksley), Alan King (Buzzer), Eric Barker (doctor), Kathleen Harrison (Mrs. Cooksley) y Elenor Summerfield (Flora McNaughton).

Las aventuras de unos pilotos de la RAF, centrada en los días de la Segunda Guerra Mundial, se narran con bastante pobreza argumental. Está basada en la vida de dos pilotos que no manifiestan ningún interés en llegar a ser héroes en una guerra que no les interesa.

"El día más largo"
(The Longest Day, 1962)

> US.
> 180 minutos.
> Blanco y negro.
> Cinemascope.

Productor: Darryl F. Zanuck.
Directores: Andrew Marton, Ken Annakin, Bernard Wicki y Gerd Oswald.
Guión: Cornelius Ryan, Romain Gary, James Jones, David Pursall y Jack Seddon.
Basado en una novela de Cornelius Ryan.
Director de música: Mitch Miller.
Efectos especiales: Karl Helmer, Karl Baumgartner, Augie Lohman, Robert MacDonald y Alex Weldon.
Intérpretes: John Wayne (coronel Benjamin Vandervoort), Robert Mitchum (general de brigada Norman Cota), Henry Fonda (general de brigada Theodore Roosevelt), Robert Ryan (general de brigada James Gavin), Rod Steiger (comandante del destructor), Robert Warner, Fabián, Paul Anka, Mel Ferrer (mayor Robert Haines), Jeffrey Hunter (sargento Fuller), Sal Mineo (Martini), Steve Forrest (capitán Harding), John Crawford (coronel Caffey), Richard Burton (piloto de la RAF), Peter Lawford (lord Lovat), Sean Connery (Flanagan), Christopher Lee, Roddy McDowall (Morris), Stuart Whitman (Sheen), Edmond O'brien (general Raymond O. Barton), Red Buttons (Steele), Tom Tryon (Wilson), Kenneth More (capitán Maud), Richard Todd (mayor Howard), Leo Genn (general Parker), Bourvil (mayor), Christian Marquand (Philippe Kieffer), Jean Servais (Jaujard), Curt Jurgens (Blumentritt), Peter Van Eyck (Ocker) y George Segal (primer comando).

Uno de los mayores intentos de recrear la Segunda Guerra Mundial. Brillante película documental sobre la invasión aliada en Normandía, complementada con docenas de grandes estrellas del cine mundial. La recreación de los sucesos históricos está realizada a una escala grandiosa, y ganó un Oscar a los mejores efectos especiales y otro a la fotografía.

En televisión se mostró en una versión coloreada.

Premios:

Nominada a la mejor película 1962: Darryl F. Zanuck.
Nominada por mejor dirección artística/Set Decoración blanco y negro 1962: Ted Haworth, Leon Barsacq, Vincent Korda y Gabriel Bechir.
Oscar a la mejor fotografía en blanco y negro 1962: Jean Bourgoin y Walter Wottitz.
Nominada al mejor filme editado 1962: Samuel E. Beetley.
Oscar a los mejores efectos especiales 1962: Robert MacDonald y Jacques Maumont.

"Agente 007 contra el Dr. No"
(Doctor No, 1962)

UK.
111 minutos.

Productores: Harry Saltzman y Albert R. Broccoli.
Director: Terence Young.
Guión: Richard Maibaurn, Johanna Harwood y Berkley Mather.
Basado en una novela de Ian Fleming.
Compositores: John Barry y Monty Norman.
Efectos especiales: Frank George.
Intérpretes: Sean Connery (James Bond), Jack Lord (Félix Leiter), Joseph Wiseman (Dr. No), Ursula Andress (Honey), Zena Marshall (Miss Taro), Eunice Gayson (Sylvia) y Lois Maxwell (Miss Moneypenny).

La primera película de James Bond es la menos presuntuosa de todas, quizá porque en realidad se rodó como un

filme de serie B. La historia marcó el inicio de la saga más larga de la historia del cine y supuso el descubrimiento para Sean Connery y Ursula Andress, cuya aparición en bikini emergiendo del mar dejó huella indeleble en la historia de las sex symbol.

El argumento se centra en los intentos del doctor No por dominar el mundo mediante sus sofisticadas armas. Aunque hoy en día la tenemos que considerar como pueril, y los efectos especiales dignos de risa, no podemos olvidar que fue el detonante que inició una serie épica en el cine de acción.

Fue rodada en Jamaica.

"Desde Rusia con amor"
(From Russia With Love-007, 1963)

UK.
118 minutos.
United Artists.

Productores: Harry Saltzman y Albert R. Broccoli.
Director: Terence Young.
Guión: Richard Maibaum y Johanna Harwood.
Basado en una novela de Ian Fleming.
Intérpretes: Sean Connery (James Bond), Daniela Bianchi (Tatiana Romanova), Pedro Armendáriz (Kerim Bey), Lotte Lenya (Rosa Klebb), Robert Shaw (Red Grant), Bernard Lee ("M") y Eunice Gayson (Sylvia).

El segundo capítulo de la serie de James Bond es más excitante, adecuadamente montado, y nos muestra una digna secuencia de Sean Connery luchando contra el rubio Robert Shaw en el Orient Express y a Lotte Lenya con una daga en su zapato peleando con una gitana muy agresiva.

Rodada en Turquía y alguna ciudad soviética, nos muestra la lucha del agente secreto contra el imperio comunista y unas sádicas mujeres, lesbianas para más señas.

Durante la primera semana de proyección fue vista en Londres por doscientas mil personas que guardaron pacientes colas de hasta siete horas.

"La mujer de paja"
(Woman of Straw, 1964)

UK.
117 minutos.

Productor: Michael Relph.
Director: Basil Dearden.
Guión: Robert Muller, Stanley Mann y Michael Relph.
Basado en la novela "La Femme de Paille", de Catherine Arley.
Intérpretes: Gina Lollobrigida (María), Sean Connery (Anthony Richmond), Ralph Richardson (Charles Richmond), Alexander Knox (Lomer), Johnny Sekka (Thomas), Laurence Hardy (Baines) y Danny Daniels (Fenton).

Confundido suspense de Connery y Lollobrigida que traman el "asesinato perfecto" del viejo Richardson con resultados irónicos.

"Marnie, la ladrona"
(Marnie, 1964)

US.
129 minutos.
Universal.

Productor: Alfred Hitchcock.
Director: Alfred Hitchcock.
Guión: Jay Presson Allen.
Basado en una novela de Winston Graham.
Invitado: Sir Alfred Hitchcock.
Música: Bernard Herrmann.
Intérpretes: Tippi Hedren (Marnie Edgar), Sean Connery (Mark Rutland), Diane Baker (Lil Mainwaring), Martin Gabel (Sidney Strutt), Louise Latham (Bernice Edgar), Bob Sweeney (primo Bob) y Edith Evanson (Rita).

Hitchcock tocando fondo. Marnie (Tippi Hedren) es una cleptómana frígida, mientras que Sean Connery, mirando pálido y hambriento de sexo, hace el papel de hombre programado para curarla de ambos problemas, especialmente del segundo. La mujer no es que sea mala, es que parece ser que ha tenido un trauma anteriormente que la ha borrado la memoria y no se acuerda de cómo se hace el amor. El mérito de Connery está en cómo resuelve el problema.

La película había sido propuesta en primer lugar a Grace Kelly, en ese momento princesa Gracia Patricia de Mónaco. Todos hubiésemos ganado con ella.

"James Bond contra Goldfinger"
(Goldfinger, 1964)

UK.
111 minutos.

Productor: Harry Saltzman y Albert R. Broccoli.
Director: Guy Hamilton.
Guión: Richard Maibaum y Paul Dehn.
Basado en una novela de Ian Fleming.
Compositor: John Barry.

Efectos especiales: John Stears.
Maquetas: Paul Rabiger.
Intérpretes: Sean Connery (James Bond), Gert Fröbe (Goldfinger), Honor Blackman (Pussy Galore), Shirley Eaton (Jill Masterson), Tania Mallett (Tilly Masterson), Bernard Lee ("M") y Martin Benson (Solo).

En este tiempo, James Bond (Sean Connery) se dedica a pelear contra uno de sus villanos más memorables, un pesado, maniático y asquerosamente hombre rico que se hace llamar a sí mismo Goldfinger (Gert Fröbe). Quiere conseguir apoderarse de todas las reservas privadas de oro en todo el mundo, y para ello posee los planos para detonar un dispositivo atómico pequeño (suministrado desde la China Roja) dentro de Fort Knox, la fortaleza más inexpugnable del mundo. Si consigue explosionar la bomba adentro, contaminará todo el enorme abastecimiento de oro con la mortífera radiación, y así lo hará inservible. Si su plan triunfa, Goldfinger poseería la mayoría del oro vendible en el mundo, y llegaría a ser el más rico y quizá el hombre más poderoso sobre la Tierra.

Con la ayuda de su ayudante oriental Oddjob (Harold Sakata), que mata a sus víctimas con una navaja afilada que oculta en su sombrero, y las habilidades en artes marciales de Pussy (Honor Blackman, que abandonó su trabajo en la serie televisiva de gran éxito "Los Vengadores" para este papel), buen piloto a su vez, Goldfinger pone su plan en acción.

Bond descubre el peligro que supone poseer todo el oro mundial y sus pesquisas le llevan a encontrar a Goldfinger en un hotel de Miami Beach, donde los empleados del villano juegan al póquer usando un sistema elaborado por su secretaria Jill (Shirley Eaton). Ella mira las cartas de los otros jugadores con un telescopio y entonces informa a Goldfinger sobre lo que tiene que hacer, mediante un transmisor en el aparato auditivo del jugador.

Pero Jill cae enamorada de Bond, y cuando su cita se descubre, Goldfinger pinta el cuerpo desnudo de su secretaria con una pintura de oro que atasca sus poros y la asfixia, convirtiéndola en una joya que todos quisiéramos poseer. Goldfinger entonces se marcha a Europa y Bond le sigue.

Pussy entra en Fort Knox y después se encuentra con Goldfinger, que tiene su sede en Kentucky. Allí da a conocer a Goldfinger los planes para someter a los soldados que protegen la fortaleza mediante un gas que paraliza el sistema nervioso y que se rociará con aviones especiales.

Bond se encuentra esposado al lado de una bomba atómica que explotará pronto. Después Pussy muere finalmente en una pelea con Bond (un desafío para Bond debido al sutil lesbianismo de su adversaria), y 007 vuela a Washington para informar a las autoridades del plan de Goldfinger. Unos segundos antes de la detonación nuclear, Bond tiene un enfrentamiento decisivo con Oddjob, quien pierde la pelea cuando su arma preferida es usada contra él. Goldfinger se escapa y aunque intenta torpemente conseguir la revancha contra Bond, disfrazándose como un general estadounidense, tiene lugar una pelea entre ambos en el avión y cuando se rompe una ventana, Goldfinger cae fuera del aparato.

"Goldfinger" contiene más cantidad de momentos agradables que cualquier otra película de Bond. La chica bañada en oro, Oddjob con su sombrero volante asesino, el haz de láser mortífero que casi corta a Connery por la mitad y el Aston-Martin asombroso con sus docenas de artefactos. También hay que incluir, por supuesto, a Shirley Bassey haciendo una interpretación extraordinaria de la canción del mismo nombre, que llegó a ser un gran éxito y formó parte integral de la película. Otro aspecto único de "Goldfinger" es el inicio de un fenómeno comercial que posteriormente fue copiado por otras compañías de cine. Coincidiendo con el estreno de la película salieron al mercado juguetes, juegos, automóviles a escala, muñecas, álbumes con cientos de fotografías, además de una serie de vestimentas inspirada en la película, como bikinis y zapatos femeninos.

Una advertencia: los interiores de la fortaleza Fort Knox son imaginarios; nadie posee ningún dato sobre su estructura ni distribución interior.

Premios:

Se le concedió el premio al mejor sonido 1964: Norman Wanstall.

"The Hill"
(The Hill, 1965)

US.
122 minutos.
Blanco y negro.

Productor: Kenneth Hyman.
Director: Sidney Lumet.
Guión: Ray Rigby y R. S. Allen.
Basado en una obra de Rigby Allen.
Intérpretes: Sean Connery (Joe Roberts), Harry Andrews (Bert Wilson), Ian Bannen (sargento Charlie Harris), Alfred Lynch (George Stevens), Ossie Davies (Jacko King), Roy Kinnear (Monty Bartlett) y Jack Watson (Jock McGrath).

El drama poderoso de una prisión militar proporciona una buena base para todos los actores. Un problema: los actores británicos vociferan el uno al otro y muchos de los diálogos son ininteligibles para los espectadores de otros países, aunque afortunadamente sí podemos ver la versión doblada éste es un problema menor. En España se pudo ver en versión original con subtítulos, por lo que el problema era más complejo.

Escrita por Ray Rigby, también existe una versión coloreada.

"Operación Trueno"
(Thunderball, 1965)

UK.
129 minutos.
Panavisión.
United Artists.

Productor: Kevin McClory.
Director: Terence Young.
Guión: Richard Maibaum y John Hopkins.
Basado en los caracteres creados por Ian Fleming, a partir de la historia de McClory, Jack Whittingham y Fleming.
Director y compositor: John Barry.
Efectos especiales: John Stears.
Vestuario: Anthony Mendleson.
Intérpretes: Sean Connery (James Bond), Claudine Auger (Dominó Derval), Adolfo Celi (Emilio Largo), Luciana Paluzzi (Fiona Volpe), Rik Van Nutter (Félix Leiter), Bernard Lee ("M"), Guy Doleman (Count Lippe), Lois Maxwell (Moneypenny), Roland Culver (secretario del Foreign), Earl Cameron (Pinder) y Bill Cummings (Quist).

La cuarta película de James Bond no es tan vivaz como las otras. La abundancia de artefactos, que ganaron un Oscar a los mejores efectos especiales, con el mundo amenazado con su destrucción, tienden a aturdir y apartar el interés de la trama central del filme y por supuesto de los actores. Celi hace un villano formidable contra Bond. La película tuvo una réplica dieciocho años después con Connery en "Nunca digas nunca jamás".

Sean Connery como James Bond empezaba a ser reiterativo y su cara cínica ya no gustaba tanto.

La trama se desarrolla en el Caribe; el enemigo es Adolfo Celi, quien dirige magistralmente la agrupación Spectra, especializada en el uso maquiavélico de los tiburones.

Terence Young dirigió este filme con desigual acierto y supuso un obligado descanso para todos, tanto para Connery como para los productores, aunque la popularidad de 007 no había disminuido.

Premios:

Oscar a los mejores efectos especiales 1965: John Stears.

"Un loco maravilloso"
(A Fine Madness, 1966)

US.
104 minutos.
Warner.

Productor: Jerome Hellman.
Director: Irvin Kershner.
Guión: Elliott Baker (basado en su novela).
Intérpretes: Sean Connery (Samson Shillitoe), Joanne Woodward (Rhoda), Jean Seberg (Lydia West), Patrick O'Neal (doctor Oliver West), Colleen Dewhurst (doctor Vera Kropotkin), Clive Revill (doctor Menken), Werner Peters (doctor Vorbeck) y John Fiedler (Daniel K. Papp).

Sean Connery proporciona una gran energía al papel de un poeta de Nueva York, quien se compromete en la batalla diaria para expresarse así mismo. Él cae en las manos de un grupo de psiquiatras que quedan asombrados por sus impulsos tan rebeldes. Uno de ellos, el doctor West (Patrick O'Neal), decide que lo mejor para el poeta es que sea lobotomizado, o sea, castrado cerebralmente, una técnica que agradaba mucho a los matasanos de hace unos años y que afortunadamente los jueces consiguieron detener, aunque ninguno de estos nazis con bata blanca acabó en la cárcel por ello.

Dirigida por Irvin Kershner, desde un guión de Elliott Baker, basado en su novela, la película sugiere un cruce entre "Un genio anda suelto" (The Horse Mouth) de Joyce Cary y "The Doctor's Dilema" de Bernard Shaw. La historia parece ser cierta y se comprobó que efectivamente en Hollywood hubo una vez un tal Jack Warner que alcanzó gran popularidad, descubriéndose que era una persona "antisocial" y por ello se ordenó su internamiento en un hospital psiquiátrico.

La película, que parte de una escalofriante realidad, como es la indefensión de los ciudadanos ante los dictámenes de los psiquiatras, está aquí desigualmente resuelta, aunque es suficiente para aquella época. Connery camina a través de un puente de una forma muy peculiar, mientras nos cuenta cómo es su mundo.

El filme es más divertido que objeto de una denuncia y Connery está asistido por un grupo de actores extraordinarios, como Joanne Woodward y Jean Seberg, entre otros.

"Sólo se vive dos veces"
(You Only Live Twice, 1967)

UK.
116 minutos.
United Artists.

Productores: Albert R. Broccoli y Harry Saltzman.
Director: Lewis Gilbert.
Guión: Ronald Dahl y Harold Jack Bloom.
Basado en una novela de Ian Fleming.
Compositor: John Barry.
Efectos especiales: John Stears.
Maquetas: Basil Newall y Paul Rabiger.
Vestuario: Eileen Sullivan.
Intérpretes: Sean Connery (James Bond), Akiko Wakabayashi (Aki), Donald Pleasance (Ernst Stavro Blofeld), Tetsuro Tamba (Tiger Tanaka), Mie Hama (Kissy Suzuki), Teru Shimada (Osato), Karin Dor (Helga Brandt), Lois Maxwell (Miss Moneypenny), Desmond Llewelyn ("Q") y Bernard Lee ("M").

El quinto de los Bond puede fácilmente ser diferente de las otras películas, porque es el primero rodado en el Japón. Es un producto similar, pero probablemente más coherente y divertido de los anteriores, aportando pasajes similares a los de "Goldfinger" y de una eficacia muy superior a "Operación Trueno".

Ken Adán se encarga de los diseños de producción (incluyendo un volcán hueco), que parecen casi perfectamente calculados para dar sensación de autenticidad. Lewis Gilbert es un director más humanista que sus predecesores y logra una sucesión de escenas razonablemente eficientes, no dejando que los actores holgazaneen como en otras películas.

Sean Connery como James Bond no es tan cargante y cínico como en las anteriores películas y aquí está más serio y profundo como un héroe algo más panzudo, más cerca ya del espectador. Connery logra dar un carácter a su personaje mucho más sólido que antes. Este Bond más humano, incluso en sus relaciones sexuales, podría ser el inicio de su declive como superhéroe.

El guionista Ronald Dahl aporta una historia cercana a las novelas de Julio Verne, inteligente y suficiente, mientras que Donald Pleasence, como Blofeld, nos demuestra que sabe acariciar perfectamente a un gato blanco.

"Shalako"
(Shalako, 1968)

UK.
113 minutos.

Director: Edward Dmytryk.
Basada en una novela de Louis D'Amour.
Intérpretes: Sean Connery, Brigitte Bardot, Stephen Boyd, Jack Hawkins, Peter Van Eyck, Honor Blackman, Woody Strode, Alexander Knox y Valerie French.

Como el héroe de esta historia occidental, Sean Connery es duro, tanto como Clark Gable, pero más sabio y quizá más fuerte con los puños, algo así como Charlton Heston. Connery interpreta a héroes convencionales, mientras la mayoría de los actores hacen de villanos frunciendo el ceño con gesto hosco e insolente, no tanto por ser un tipo bueno como si fuera un Supermán, sino más bien como un rebelde.

Él aporta más presencia y calidad de la que esta película se merece. Es una de esas películas en las que el héroe tiene que ser un hombre de pocas palabras, porque si no es así los demás personajes quedarían en ridículo a su lado. No hay mucho que aplaudir, por tanto, en este filme.

La historia nos habla de un grupo de aristócratas europeos que realizan un safari por Nuevo Méjico durante 1880, con Connery como guía. Pronto aparecen los malvados y los criados son asesinados por los indios uno tras otro.

Los productores pretendían lanzar al mercado internacional su gran estrella Brigitte Bardot, ahora en el papel de una

condesa, que delicadamente retuerce sus manos mientras Connery pelea con un apache (Woody Strode). El director, Edward Dmytryk, no consigue demostrar que Bardot es una buena actriz, aunque nos muestra algún destello cómico en su interpretación. Esta actriz, que supo dar un estilo moderno a las chicas de entonces y una carencia de moralidad que hizo las delicias de los varones, queda en la pantalla, al lado de tan buenos actores, casi tan ridícula como una anciana en las olimpiadas. Bardot sabe mover con destreza su larga cabellera rubia y abrir su sensual boca como nadie.

La película fue rodada en España, en tierras de Almería.

"Odio en las entrañas"
(The Molly Maguires, 1970)

US.
123 minutos.

Productores: Martin Ritt y Walter Bernstein.
Director: Martin Ritt.
Guión: Walter Bernstein.
Basado en el libro "Lament for the Molly Maguires", de Arthur H. Lewis.
Composición: Henry Mancini.
Efectos especiales: Willis Cook.
Decorados: Roger Creed.
Maquetas: Wally Westmore.
Vestuario: Dorothy Jeakins.
Intérpretes: Richard Harris (James McParlan McKenna), Sean Connery (Jack Kehoe), Samantha Eggar (Mary Raines), Frank Finlay (Davies), Anthony Zerbe (Dougherty) y Tom Jones (jugador de fútbol).

Sean Connery, Richard Harris y Samantha Eggar, en una correcta película sobre la violencia entre los mineros irlandeses del carbón en la Pensilvania de 1870. El filme era claramente una labor de amor para el director, Martin Ritt. La fotografía de James Wong Howe, que aporta tensiones abstractas y valores geométricos, y que está perfectamente integrada en los estilizados planos, proporciona a la película una solidez imponente.

En cuanto a la historia, nosotros nunca conseguimos encontrar una explicación a la estrategia de los mineros cuando dinamitan los trenes que llevan el carbón que ellos acaban de cargar. ¿Cómo conseguirán con estos sabotajes ganar el salario que les es imprescindible? Después de ello, nosotros los vemos martirizados en su oculta organización sindical a causa de un espía infiltrado en ella. Haciendo de ese taimado hombre débil y sabio está Richard Harris, quien tiene una nerviosidad tan volátil que nos aporta un carácter muy divertido y complicado a su papel de espía, contribuyendo a lograr un suspense aún mayor.

Connery aporta un trabajo seguro e inteligente como el líder de los saboteadores, aunque su personaje no está perfectamente dibujado por el guionista y nos es difícil descubrir qué es lo que tiene en su cabeza o cómo él piensa que con sus explosiones alimentará a su familia.

Samantha Eggar es sorprendentemente enérgica como la chica que se enamora del líder. El director Ritt toma su tiempo en construir la atmósfera e introducir poco a poco a los personajes, y nos da el tiempo suficiente para que asimilemos todo. La película es bastante buena, aunque posee algunas escenas muy malas como cuando Frank Finlay, un sádico guardián, habla con Harris, el Judas de la película.

Premios:

Nominada a la mejor dirección artística 1970: Tambi Larsen y Darrell Silvera.

"La tienda roja"
(The Red Tent, 1971)

Italia-Rusia.
121 minutos.

Productor: Franco Cristaldi.
Director: Mikhail Kalatozov.
Guión: Ennio de Concini y Richard Adams.
Compositor: Ennio Morricone.
Maquetas: Max Alautdinov y Antonio Mecacci.
Intérpretes: Sean Connery (Roald Amundsen), Claudia Cardinale (Nurse Valeria), Hardy Kruger (aviador Lundborg), Peter Finch (general Umberto Nobile) y Luigi Vannucchi (capitán Zappi).

Filmada con la pretensión de ser una superaventura para niños y adultos sin pretensiones filosóficas, nos relata la verdadera historia del explorador general Nobile (Finch), cuya expedición al Ártico en 1928 se convierte en un desastre. Su rescate estuvo promocionado por su familia y amigos, y por ello puede ser excitante para el espectador ver las escenas de supervivencia contra los elementos y el rescate dramático, aunque estropeado por los torpes flashbacks que se incluyen.

"Supergolpe en Manhattan"
(The Anderson Tapes, 1971)

US.
98 minutos.
Columbia.

Productor: Robert M. Weitman.
Director: Sidney Lumet.
Guión: Frank Pierson.
Basado en una novela de Lawrence Sanders.

Intérpretes: Sean Connery (Anderson), Dyan Cannon (Ingrid), Martin Balsam (Haskins), Ralph Meeker (Delaney), Alan King (Angelo), Christopher Walken (el rey), Anthony Holland (psicólogo), Margaret Hamilton (Miss Kaler) y Sam Coppola (detective privado).

Una energética historia melodramática que degeneró en una película cómica sobre el intento de robar a todos los inquilinos de una casa en Nueva York. Como líder de la pandilla, Sean Connery administra toda la acción, la mayoría de las veces con mal estilo, y rara vez hemos podido ver en una película suya tales cantidades de pequeños errores acumulados. Las numerosas conversaciones en que recuerdan todos los incidentes resultan totalmente incomprensibles, aunque algunos espectadores pueden estar dispuestos a considerarlos como parte de su sentido del humor.

"Diamantes para la Eternidad"
(Diamonds are Forvever, 1971)

UK.
119 minutos.

Productores: Harry Saltzman y Albert R. Broccoli.
Director: Guy Hamilton.
Guión: Richard Maibaum y Tom Mankiewicz.
Basado en una novela de Ian Fleming.
Compositor: John Barry.
Efectos especiales: Les Hillman, Albert Whitlock, Wally Veevers y Whitey McMahon.
Vestuario: Elsa Fennell, Ted Tetrick y Donfeld.
Intérpretes: Sean Connery (James Bond), Jill St. John (Tiffany Case), Charles Gray (Blofeld), Lana Wood (Plenty O'Toole), Jimmy Dean (Willard Whyte), Bruce Cabot (Saxby),

Bruce Glover (Wint), Bernard Lee ("M"), Desmond Llewelyn ("Q"), Lois Maxwell (Miss Moneypenny) y Catherine Deeney (Welfare Worker).

Los críticos la suelen definir como la mejor de las películas sobre James Bond, pero yo dudo que sea así. Quizá esté mejor dirigida, pero quienes así opinan no han comprendido el mito de Bond que tan estupendamente quedó reflejado en "Goldfinger". Nosotros vemos que ambas películas son muy diferentes por varias razones, y aunque "Diamantes para la Eternidad" es una buena película, en ocasiones nos da la impresión de que no estamos viendo a 007.

No es la menor de todas porque la presencia de Sean Connery está cambiada: seco, distante (especialmente cuando está atrapado en un ataúd del crematorio), y con una boca que no sabemos si está sonriendo o pidiendo sexo. Cuando está metido en una situación de peligro sonríe y se nos antoja que lo hace deliberadamente. Es muy probable que los problemas tan importantes que tuvo con los productores le forzaran a boicotear la película.

En "Diamantes para la Eternidad", por ejemplo, Bond se encuentra conduciendo un vehículo lunar (dotado de antenas que se mueven con desatino y sacudiendo unos brazos de robot infantiles), mientras es perseguido por sus enemigos a través del desierto sin que sepamos por qué.

El buggy lunar es cómico, pero Connery se pone serio conduciéndolo. Luego, después de una larga y accidentada persecución con cinco automóviles corriendo por Las Vegas, él indiferentemente pone su Mustang sobre dos ruedas y elude a un sexto coche, pero tampoco hay ni una sonrisa. Quizá podemos intuir cierta satisfacción por las acrobacias que ha sido capaz de realizar, pero a lo mejor es una impresión personal.

El conjunto de "Diamantes para la Eternidad" es tan complicado que se hace difícil de digerir.

Premios:

Nominada al mejor sonido 1971: Gordon K. McCallum, John Mitchell y Alfred J. Overton

"La ofensa"
(The Offence, 1973)

UK.
112 minutos.

Productor: Denis O'Dell.
Director: Sidney Lumet.
Guión: John Hopkins.
Basado en la obra "Story of ours".
Fotografía: Gerry Fisher.
Intérpretes: Sean Connery (detective Johnson), Trevor Howard (Cartwright), Vivien Merchant (Maureen Johnson), Ian Bannen (Baxter) y Derek Newark (Jessard).

El sargento Johnson está asqueado y desilusionado por todo lo que ha tenido que vivir durante sus veinte años de profesión en la policía. Ha visto sangre, violaciones, crueldad e injusticias, y no siempre por parte de los criminales establecidos.

Cuando investiga el caso de un maníaco sexual que ha maltratado a una niña, descarga su agresividad contenida durante tantos años y golpea duramente al sospechoso hasta matarlo.

Un buen trabajo de Connery.

"Zardoz"
(Zardoz, 1974)

UK.
105 minutos.
Panavisión.

Productor: John Boorman.
Director: John Boorman.
Guión: John Boorman.
Compositor: David Munrow.
Efectos especiales: Gerry Johnston.
Maquetas: Charles Staffell y Basil Newall.
Vestuario: Christel Boorman.
Intérpretes: Sean Connery (Zed), Charlotte Rampling (Consuella), Sara Kestelman (May), Sally Anne Newton (Avalow), John Alderton (amigo) y Bosco Hogan (George Saden).

"Zardoz", de John Boorman, es una película muy peculiar, un viaje a un futuro que parece obra de un loco decorador de interiores. La película nos lleva a la Irlanda del 2293, que en apariencia es exactamente como la Irlanda de hoy, hasta que nosotros conseguimos entrar dentro del Vortex. Entonces, repentinamente, todo es brillante, con vestimentas y tronos futuristas, en los que viven gente joven muy guapa que hace el amor sin parar pero sin mostrar demasiado entusiasmo.

Éstos son los inmortales, los que nunca morirán, no porque no quieran, sino porque no pueden. Cada vez que ellos tratan de matarse (a veces imploran a un amigo que lo haga), sus cuerpos son restaurados implacablemente por una especie de mente mística que vive dentro del Vortex. Pero allí hay una trampa: ellos no pueden morir pero se hacen viejos como todos y, por si fuera poco, a quienes cometen alguna infracción les castigan haciéndoles más viejos aún. Por eso, y tratándose de personas inmortales, la mayoría de sus habitantes ya son sumamente viejos y quizá por ello no sienten ningún interés en hacer el amor. Ahora bien, cuando encuentran a un joven o jovencita su apetito se vuelve insaciable y se les hace la boca agua, devorándolo literalmente si no pone pies en polvorosa. Por eso, su facultad para ser inmortales no les gusta.

En las afueras del Vortex sobrevive una civilización bárbara. Los esclavos aran la tierra y recogen las cosechas, siendo unos peleles en manos de sus feroces dueños, quienes a veces organizan cacerías galopando entre ellos y matándoles por diversión. Entre esos asesinos está nuestro amigo Connery, el malvado Zed, a medias entre Tarzán y Atila. Pero un día, Zed encuentra un libro infantil para comenzar a leer y así logra él aprender, devorando fanáticamente desde ese momento los contenidos de las bibliotecas, encontrando uno especialmente significativo titulado "El mago de Oz". En ese momento, y como si hubiera sido iluminado por un ser divino, se da cuenta de la estructura real de su mundo.

Zed logra entrar a bordo del gigante que manda la cabeza de Zardoz, que las rígidas leyes le impedían acceder bajo pena de muerte, y se encuentra dentro del Vortex. Aquí él es un objeto de gran interés, porque los inmortales, al haber perdido la capacidad para morir, también han perdido el hábito sano y placentero de procrear. Un personaje tan bruto como Zed le resulta curioso, aunque él no está dispuesto a ser objeto de laboratorio.

La película es un ejercicio para analizar la personalidad de su autor, el señor Boorman, y si somos indulgentes con él y aceptamos que al menos trató de hacer una película diferente, podemos considerar a "Zardoz" un filme a mirar con detenimiento. Quien ha realizado películas tan loables como "Deliverance" y "Excalibur" no es alguien a menospreciar, aunque tampoco suponga esto que le demos carta blanca para cualquier desatino.

Boorman parece fascinado por hacer historias que se desconecten de cualquier otra que se haya realizado en el cine, lo que llamamos tener personalidad, huyendo también de cualquier situación que sea parecida a la realidad, más conocida como imaginación. En "Leo the Last" (1970) nos dio a un Marcello Mastroianni como el último de una sociedad decadente, viviendo en una morada al final de una calle desierta en un misterioso Londres.

Boorman pone muchos conceptos pesados en "Zardoz", pero parece incierto que él los haya tomado en serio. Hay cierta dosis de comicidad, especialmente cuando Connery se convierte en un propagador futurista de la pornografía y cuando mete mano en los pechos de una chica que ni se inmuta.

No espere el espectador efectos visuales a la clásica usanza y solamente podrá ver decorados increíbles y ciertamente originales. También podrá ver escenas de gran sadismo, puestas allí innecesariamente.

Sean Connery vaga por todo ese extraño mundo con la misma expresión acostumbrada. Comienza comportándose como un bárbaro sumamente desconfiado que se mueve por impulsos pueriles, pero después que él reúne todo el conocimiento parece cambiar y de golpe se nos antoja convertido en una especie de Einstein que vive dentro del Vórtex. Una vez que descifra la sabiduría del cristal, estimula a los Apáticos, una clase social que se mueve tan lentamente que se puede violar a una chica sin darla tiempo a que pregunte por qué. También hace el amor con una dama inmortal bastante guapa que, cual Blancanieves, recobra el conocimiento después de ello. Finalmente todo se descontrola mientras escuchamos la Séptima Sinfonía de Beethoven.

Si ha habido películas aplaudidas difíciles de entender, ésta es una de ellas, y dan motivo para que los intelectuales se reúnan a la salida para decir toda clase de estupideces adornadas de conceptos filosóficos.

A muchos espectadores varones les gustaría que las mujeres pertenecieran al mundo de las Apáticas y por eso habrán disfrutado con la película. Y con seguridad, a ninguna mujer le gustaría ser una inmortal tan envejecida que su cara fuera como un papel de lija arrugado.

"Asesinato en el Oriente Express"
(Murder on the Orient Express, 1974)

UK.
127 minutos.

Productores: John Brabourne y Richard Goodwin.
Director: Sidney Lumet.
Guión: Paul Dehn.
Basado en una novela de Agatha Christie.
Compositor: Richard Rodney Bennett.
Intérpretes: Albert Finney (Hércules Poirot), Lauren Bacall (Mrs. Hubbard), Martin Balsam (Bianchi), Ingrid Bergman (Greta Ohlsson), Jacqueline Bisset (condesa Andrenyi), Jean-Pierre Cassel (Pierre Paul Michel), Sean Connery (Col. Arbuthnot), John Gielgud (Beddoes), Wendy Hiller (princesa Dragomiroff), Anthony Perkins (Héctor McQueen) y Vanessa Redgrave (Mary Debenham).

Hay un grito de alarma, algunos amortiguados en francés, y una carrera a través del pasillo. Hércules Poirot, ajustando los dispositivos necesarios para colocar diestramente su pelo hacia abajo y su bigote rizado arriba, se para un momento en su compartimiento del tren. Levanta una ceja, mira fuera en el pasillo y se encoge de hombros. A la mañana siguiente, le informan que Ratchett, el odioso millonario estadounidense, ha sido apuñalado mientras dormía.

Éste es obviamente un caso para Poirot, el detective más famoso en el mundo, y mientras desayuna decide aceptar el caso. La lista de sospechosos es larga, pero limitada: incluye todos los que están en el Oriente Express, en ruta desde Estambul a Calais, y actualmente detenido por un alud de nieve que ha caído en la vía. Poirot comienza una serie de entrevistas y se zambulle a sí mismo (y al resto de nosotros) en una red de intriga tan profunda, tan defraudante y tan laberíntica que Agatha Christie se ha tenido que marear al escribirla.

"Asesinato en el Oriente Express" es una espléndida y divertida película de las que no suelen hacerse habitualmente. Es una clásica historia con muchas pistas, algunas fáciles y otras desconcertantes, en la que multitud de actores famosos intervienen. Albert Finney, en el papel de Poirot, es el más impresionante, en su mayor parte porque nosotros no podemos estar nunca seguros que él sea Finney. Su pelo está diestramente peinado, sus ojos han llegado a ser de algún modo brillantes y sospechosos, su bigote francés tiembla constantemente con cada señal de alarma (verdadera y fingida) y él se mueve arriba y abajo del tren como un cangrejo paranoide. La interpretación es brillante, y la comedia muy correcta.

Aunque la película no pretende ser una comedia, contiene escenas sumamente cómicas aportadas por el talento de Miss Christie. Este filme no es un "thriller", porque nosotros no nos hemos emocionado y solamente lo hemos pasado bien. El asesinato por sí mismo no es violento, pero posee calidad, y la investigación es un ejercicio de balbuceos y preguntas sofisticadas. Quizá lo mejor, o lo peor, de la película es su estilo, empleando estrategias visuales deliberadamente anticuadas usadas por el director Sidney Lumet, y el alegre desfile de presuntos sospechosos.

Ellos forman una colección convenientemente rara y a la primera mirada vemos que no tienen nada en común el uno con el otro. El desfile de estrellas rutilantes incluye a: Lauren Bacall, como una estadounidense particularmente odiosa; Ingrid Bergman es una misionera africana; Michael York y Jacqueline Bisset son húngaros; Jean-Pierre Cassel es el maquinista; Sean Connery, un funcionario inglés que vuelve desde la India; Vanessa Redgrave es su compañera; John Gielgud es un apropiado y correcto sirviente del millonario Richard Widmark; Wendy Hiller es un aristócrata ruso distante; Anthony Perkins es el secretario de Widmark; Rachel Roberts, una criada neonazi; Martin Balsam es un director de la línea del ferrocarril, y hay, créanlo o no, otros muchos también bajo sospecha.

Hay problemas técnicos obviamente grandes aquí: más de una docena de personajes tienen que ser introducidos y mantenidos vivos, al mismo tiempo que la intriga debe ser descifrada lentamente, y todo debe tener lugar dentro del claustrofóbico espacio de un vagón de tren. Lumet supera sus dificultades con gran estilo, y nosotros conseguimos no estar nunca confundidos, salvo por voluntad propia de la escritora.

Hay todavía algunas pocas cosas más que se podrían contar, especialmente que nada es lo que parece, lo que es habitual en una película basada en una novela de Agatha Christie. La película consigue que los minutos pasen sin cansarnos, tiene un buen estilo, y nos recuerda gratamente a estilos de cine que creíamos olvidados. Todo termina con una muy anhelada escena en la que Poirot pide que todos guarden silencio, por favor, mientras él explica sus diversas teorías del caso. Él hace sumamente grande este detalle, y es divertido ver cómo una docena de grandes estrellas cierran la boca y permanecen quietos mientras Finney domina la escena magistralmente.

Premios:

Nominada al mejor actor 1974: Albert Finney.
Oscar a la mejor actriz secundaria 1974: Ingrid Bergman.
Nominada al mejor guión adaptado 1974: Paul Dehn.
Nominada a la mejor fotografía 1974: Geoffrey Unsworth.
Nominada al mejor vestuario 1974: Tony Walton.
Nominada a la mejor música 1974: Richard Rodney Bennett.

"The terrorists"
(The Terrorists/Ransom, 1975)

   UK.
   97 minutos.

   Director: Caspar Wrede.
   Intérpretes: Sean Connery, Ian McShane, Jeffrey Wickham, Isabel Dean y John Quentin.

Un confuso thriller sobre el secuestro político de un avión de pasajeros por parte de unos terroristas, interpretado con bastante indiferencia por Connery y McShane. Dirigido con cierto estilo amateur y con cierto tedio, podemos salvar de este filme el sonido y la fotografía (de Sven Nykvist). Filmado en Noruega.

"El viento y el león"
(The Wind and the Lion, 1975)

   US.
   119 minutos.
   MGM.
   Estrenada por United Artists.
   Panavisión.

   Productor: Herb Jaffe.
   Director: John Milius.
   Guión: John Milius.
   Fotografía: Billy Williams.
   Compositor: Jerry Goldsmith.
   Intérpretes: Sean Connery (Mulay El Raisuli), Candice Bergen (Eden Pedecaris), Brian Keith (Theodore Roosevelt) y John Huston (John Hay).

La idea del escritor-director, John Milius, inicialmente sorprende. La película se inicia con tal adorno y detonación que el espectador puede esperar realmente algo hermoso, a base de una epopeya de espadas en el desierto. Sin embargo, cuando los actores comienzan a hablar (algo que hacen incesantemente), los planos entre los diálogos y la interpretación, especialmente en los personajes secundarios, nos llevan rápidamente a la desilusión. El bajo presupuesto y las bufonadas de María Montez y Turhan Bey consiguen que les odiemos.

Milius no parece estar muy acertado contándonos esta historia: él parece dejar libertad a los actores para que nos suministren la información al mismo tiempo que nos proporcionan la acción, pero hay momentos en que vemos que la gente se mata tan arbitrariamente que la epopeya entera parece irse por dos caminos. No hay convicción suficiente detrás de esta película para retener lo verdaderamente interesante.

El lote de actores incluye a Brian Keith como Theodore Roosevelt (ordenando una invasión ficticia), Sean Connery como el último de los piratas bárbaros y Candice Bergen como una estadounidense raptada. Connery parece tener una actuación similar a la de Yul Brynner en "El rey y yo", y Vladek Sheybal, como Bashaw, claramente hace una parodia. John Huston hace lo que puede como John.

Premios:

Nominada a la mejor música 1975: Jerry Goldsmith.
Nominada al mejor sonido 1975: Harry W. Tetrick, Aaron Rochin, William McCaughey, Roy Charman.

"El hombre que pudo reinar"
(The Man Who Would Be King, 1975)

US.

129 minutos.
Panavisión.

Productor: John Foreman.
Director: John Huston.
Guión: John Huston y Gladys Hill.
Basado en una historia de Rudyard Kipling.
Fotografía: Oswald Morris.
Compositor: Maurice Jarre.
Vestuario: Edith Head.
Intérpretes: Sean Connery (Daniel Dravot), Michael Caine (Peachy Carnehan), Christopher Plummer (Rudyard Kipling), Saeed Jaffrey (Billy Fish), Karroum Ben Bouih (Kafu-Selim), Jack May (comisario de distrito) y Shakira Caine (Roxanne).

"El hombre que pudo reinar", de John Huston, es un filme de aventuras, puro y simple, de la mano de su director. Es desenvuelto y emocionante, además de muy divertido. La película invita a la comparación con otros grandes filmes de acción como "Rebelión a bordo" o "El tesoro de Sierra madre", también de Huston. Nosotros podemos ver interpretaciones fuertes, que han conseguido excitarnos, y en numerosas ocasiones nos hemos reído sin problemas.

Las epopeyas de acción desde hace veinte años parecen haber perdido su sentido del humor; es como si una vez que el presupuesto supera los cinco millones de dólares, los directores piensan que ya tienen en sus manos una buena película. "Lawrence de Arabia" es una gran película, pero introspectiva y solemne, y otros esfuerzos similares, tales como "Doctor Zhivago" y "Guerra y paz" nunca osan hacernos reír. La película de Huston no es como ellas. Refleja su personalidad y nos recuerda sus otras buenas películas. Es abierta, muy rápida, y consigue que salgamos del cine alborozados.

Huston esperó mucho tiempo para hacer esta película, y su historia es ya una leyenda de Hollywood. El proyecto original era para Bogart y Gable, pero entonces Bogart murió y la idea se postergó hasta 1975. Quizá haya sido así mejor. Nosotros necesitamos que películas como ésta se hagan más a menudo, ahora que Hollywood no parece estar interesado en filmes así. Huston está sensacional manejando conjuntamente a Michael Caine y Sean Connery.

Ellos trabajan juntos tan bien, y se mueven con tanta facilidad al mismo tiempo y con tal camaradería, que su presencia es un placer. Nunca permiten ser usados solamente como unos héroes, y admiten ser fotografiados junto a paisajes extensos. La historia de Kipling, interpretada adecuadamente por Huston, es otro de los alicientes de la película, consiguiendo que su comprensión sea sumamente fácil para el espectador.

Los dos actores hacen el papel de unos soldados británicos que se han marchado a Afganistán y allí encuentran un reino aún no tocado por la civilización. Con sus revólveres y entrenamiento, ellos piensan que serán capaces de asumir la dirección de una manera fácil, manipulando a los altos sacerdotes locales e instituyendo así sus propias leyes.

Anteriormente, ellos cuentan una idea al editor colonial llamado Kipling (interpretado muy correctamente por Christopher Plummer) y entonces se van a las montañas. Después de una serie de aventuras obligadas, incluyendo un alud que de algún modo les perdona la vida, encuentran su tierra perdida, tal como se la habían imaginado.

Las nativos no están demasiado contrariados al principio por las reglas de los forasteros, pero una serie de circunstancias hacen que Connery sea adorado como un dios.

La película nos muestra coincidencias imposibles, riquezas, romances y traiciones incalculables, y unas últimas palabras heroicas, en unas escenas sumamente ingeniosas entre

Connery y Caine, que nos aseguran aún más diversión de la proporcionada. Es agradable que todavía haya realizadores que quieran hacernos un regalo como éste, algo que Huston gusta de hacer de cuando en cuando

Premios:

    Nominada al mejor guión adaptado 1975: John Huston y Gladys Hill.
    Nominada a la mejor dirección artística 1975: Alexander Trauner, Tony Inglis y Peter James.
    Nominada al mejor vestuario 1975: Edith Head.
    Nominada al mejor filme 1975: Russell Lloyd.

"Robin y Marian"
(Robin and Marian, 1976)

    UK.
    112 minutos.
    Columbia.

    Productor: Denis O'Dell.
    Director: Richard Lester.
    Guión: James Goldman.
    Fotografía: David Watkin.
    Compositor: John Barry.
    Intérpretes: Sean Connery (Robin Hood), Audrey Hepburn (Maid Marian), Robert Saw (sheriff de Nottingham), Richard Harris (King Richard), Nicol Williamson (Little John), Denholm Elliott (Will Scarlett), Ronnie Barker (Friar Tuck) y John Barret (Jack).

    Sean Connery y Audrey Hepburn se mezclan ingeniosamente, e incluso en la oscuridad sus ojos marrones están llenos de vida. La película supone una revisión, con un enfoque diferente, de aquellas leyendas que comúnmente se han trivializado en el cine, proporcionando al espectador sucesos reales totalmente desvirtuados, como cuando el sheriff de Nottingham, Robert Shaw, hace discursos sobre la necesidad de matar a Robin Hood, y Marian se envenena porque Robin es un tonto que vive para pelear. La línea entre el horror trágico y la broma se hace demasiado corta y el espectador no sabe si debe reír o llorar por la tragedia.

"El árabe"
(The Next Man/The Arab Conspiracy, 1976)

US.
108 minutos.
Allied Artists.

Productor: Martin Bregman.
Director: Richard C. Sarafian.
Guión: Morton Fine, Alan R. Trustman, David M. Wolf y Richard C. Sarafian.
Basado en una historia de Martin Bregman, Alan R. Trustman.
Intérpretes: Sean Connery (Khalif Abdul-Muhsen), Cornelia Sharpe (Nicole Scott), Albert Oaulsen (Hamid), Adolfo Celi (Al Sharif), Marco St. John (Justin), Ted Beniades (Dedario), Charles Cioffi (Fouad) y Tom Klunis (Hatim Othman).

La fascinación y el cuchillo caracterizan a una internacional chica asesina (Cornelia Sharpe). La ridícula historia se basa en la guerra entre los carteles del petróleo y un diplomático visionario de Arabia Saudí (Sean Connery), quien trata de traer la paz mundial, haciendo discursos infantiles.

Los sentimientos antiterroristas se muestran en medio de las bombas, las balas y los cuchillos. El conjunto se asemeja más a una parodia de los filmes de acción que a una denuncia contra las manipulaciones de las multinacionales del petróleo.

"Un puente lejano"
(A Bridge Too Far, 1977)

UK.
175 minutos.
Panavisión.

Director: Richard Attenborough.
Intérpretes: Dirk Bogarde, James Caan, Michael Caine, Sean Connery, Edward Fox, Elliott Gould, Gene Hackman, Anthony Hopkins, Hardy Kruger, Laurence Oliver, Ryan O'Neal y Robert Redford.

La película reconstruye nuevamente la hazaña bélica de la pasada guerra mundial, en la cual las tropas aliadas fueron derrotadas en Holanda. Con las mismas pretensiones de gran superproducción que en "El día más largo", los mismos medios económicos y un reparto estelar grandioso, no consiguió ya los mismos resultados.

"El primer gran asalto al tren"
(The Great Train Robbery, 1979)

UK.
111 minutos.
Productor: John Foreman.

Director: Michael Crichton.

Guión: Michael Crichton (basado en su propia novela).
Fotografía: Geoffrey Unsworth.
Intérpretes: Sean Connery (Edward Pierce), Donald Sutherland (Agar), Lesley-Anne Down (Miriam), Alan Webb (Edgar Trent), Malcom Terris (Henry Fowler), Robert Lang (inspector Sharp),Wayne Sleep (Clean Willy), Michael Elphick (Burges) y Pamela Salem (Emily Trent).

Recreada en la Inglaterra de 1855, Sean Connery interpreta a un ladrón que, disfrazado como un empresario rico, planea robar un gran cargamento de oro que está siendo embarcado en un tren para pagar a las tropas británicas en Crimea.

La película es una fábula del popular escritor Michael Crichton (basada en un hecho real), quien también la dirigió y adaptó así mismo el guión. Con una ausencia total de capacidad para mover a los actores, Crichton no consigue nunca excitarnos emocionalmente, aunque por lo menos logra que pasemos un rato entretenido.

"Meteoro"
Meteor (1979)

US.
103 minutos.
Panavisión.

Director: Ronald Neame.
Intérpretes: Sean Connery, Natalie Wood, Karl Malden, Brian Keith, Henry Fonda, Martin Landau, Trevor Howard y Richard Dysart.

Suiza, Hong-Kong y Manhattan, cualquiera de ellas puede ser arrasada cuando un pedazo gigante de roca espacial caiga allí. Posteriormente, todo el planeta Tierra será objeto de un gran cataclismo cuando un meteorito gigante colisione.

La película forma parte del ciclo de Hollywood de grandes desastres, pero en esta ocasión derrocha falta de imaginación y nos muestra los peores efectos especiales de toda la historia del cine. Por si fuera poco, la colaboración entre la URSS y los Estados Unidos se nos muestra tan empalagosa que desearíamos que en lugar de trabajar juntos se peleasen, por lo menos la película hubiera tenido algo de interés.

No hay ni un solo actor que consiga hacernos soportable la película, quizá porque eran conscientes del engendro en que se habían metido.

Hasta quien tradujo el título al español metió la pata, puesto que "Meteoro" es un fenómeno atmosférico. La traducción de "Meteor" es meteorito.

Premios:

Nominada al mejor sonido 1979: William McCaughey, Aaron Rochin, Michael J. Kohut y Jack Solomon.

"Cuba"
(Cuba, 1979)

US.
121 minutos.

Productores: Arlene Sellers y Alex Winitsky.
Director: Richard Lester.
Guión: Charles Wood.
Intérpretes: Broke Adams (Alexandra Pulido), Sean Connery (mayor Robert Dapes), Jack Weston (Gutman), Héctor Elizondo (Ramírez), Denholm (Skinner), Martin Balsam (general Bello) y John Morton (Gary).

La aventura de este divertido filme, mezcla de amor y denuncia política, pasó totalmente inadvertida para el público. Ambientada en los días de la caída del régimen del dictador Batista, que había convertido a Cuba en un burdel norteamericano, y mientras vemos la llegada de los hombres de Fidel Castro, se desarrolla una minúscula historia de amor. Connery es un mercenario que renueva un viejo asunto con el jefe de una fábrica. El director Lester está ligeramente acertado, tratando de ser lo más imparcial, políticamente hablando, a la hora de mostrar esos difíciles momentos del año 1959.

"Los héroes del tiempo"
(Time Bandits, 1980)

UK.
110 minutos.

Productor: Terry Gilliam.
Productor ejecutivo: George Harrison.
Director: Terry Gilliam.
Guión: Michael Palin y Terry Gilliam.
Canciones: George Harrison.
Música adicional: George Harrison.
Intérpretes: John Cleese (Robin Hood), Sean Connery (King Agamemnon), Shelley Duval (Pansy), Katherine Helmond (Mrs. Ogre), Ian Holm (Napoleón), Michael Palin (Vincent), Ralph Richardson (Dios Supremo), Jack Purvis (Wally), Peter Vaughan (Ogre), David Rapport (Randall) y Kenny Baker (Fidget).

Las primeras reacciones cuando estamos viendo "Los héroes del tiempo" son que se trata de un filme ingenioso y bien producido. Las ubicaciones históricas se muestran con el carácter y el detalle adecuado, mientras que la acción es bastante desenfrenada, quizá tan vivaz que no da tiempo a reponerse de la sorpresa.

Quien la contemple como una delirante página de un cómic, con sus reyes, princesas, gigantes y brujas, además de algunas bestias, disfrutará enormemente con ella, lo mismo que quienes manifiesten ser admiradores de los Monty Python.

El problema, si es que lo podemos considerar así, es que tiene tantos ingredientes que se nos atragantan. Aún no hemos disfrutado con uno cuando ya tenemos encima dos o más alicientes.

La película nos cuenta la historia de un niño y seis enanos que corren velozmente, bien sea a través del tiempo, o de sus enemigos, gritando continuamente y tratando de salvar a la humanidad de mil peligros. La imaginación del guionista y director es tan desbordante que a más de uno le ha cogido desprevenido, pero a nosotros nos ha entusiasmado.

Si no es amante de las fábulas y de las películas de fantasía no trate de verla. Pero si desea reírse y asombrarse ante la gran cantidad de personajes históricos y de leyenda que salen, todos juntos, aunque de uno en uno, con diálogos extraordinarios, no se la pierdan. Posiblemente aún hoy los críticos no saben si se trata de una película genial o un engendro mayúsculo; yo estoy seguro de lo primero. De todas maneras, le garantizamos el mareo y es posible que esa noche tenga sueños infantiles.

"Los héroes del tiempo" es una cara fantasía de Terry Gilliam (como también lo fue "Las aventuras del Barón de Munchausen"), uno de los genios residentes de "Flying Circus", de Monty Python. Pero no es una película de los Monty Python.

Comienza con un niño que se va a acostar una noche en su cama y se queda asombrado, como nos ocurriría a nosotros, cuando un jinete a galope entra en su habitación rompiendo la pared, desatándose en ese momento una gran batalla. Lógicamente, los padres duermen tan profundamente (¿o estaban haciendo otra cosa?) que no se enteran de nada. Por eso el niño se une a los seis enanitos malhumorados y se embarcan en una odisea atravesando la historia en una máquina del tiempo invisible. Por lo que nos cuentan, parece ser que los enanos tienen un mapa que describe la ubicación de varios agujeros en el tiempo. Mediante estos agujeros ellos pueden aparecer junto a Robin Hood, Napoleón o el rey Agamenón, además de navegar en un barco situado encima de la cabeza del gigante Titán.

Así, de una manera resumida (es imposible describir todo cuanto sale en este filme), esto es lo que podemos ver en "Los héroes del tiempo", además de una larga serie de chistes y situaciones cómicas como es habitual en su director.

¿Dónde situamos la película? Obviamente es una fantasía, también una obra cómica, una sátira de los cuentos de hadas, una historia para niños y en ocasiones una burla de la sexualidad reprimida. Imposible definirla sin equivocarnos.

La dirección del filme es soberbia, eso es innegable, lo mismo que el argumento y la labor del diseñador de producción y el director artístico, así como el diseñador de los disfraces, Jim Acheson. Si la catalogamos, por tanto, por sus méritos artísticos es una obra genial, aunque no haya sido un éxito económico al no estar dirigida a un público en concreto. No es una película para niños, aunque algunos niños se emocionen con ella; ni tampoco es similar a otras de los Monty Python, porque no es tan cómica, sacrificándose ambas direcciones para lograr un intenso espectáculo visual.

En los últimos años hemos disfrutado con varias fantasías dirigidas a los niños, como "Supermán" o "Jason y los argonautas", aunque los niños se hayan aburrido un pelín con ellas. Quizá entonces el público idóneo para ellas son aquellas personas mayores de dieciocho años que todavía se entusiasman con las películas de fantasía, como es mi caso. No es que quiera rescatar mi niñez pasada, es que nunca la perdí.

Lo más difícil es saber con certeza qué es lo que tuvo en la mente Gilliam cuando planificó este filme y a quien pretendía entusiasmar.

La música está a cargo del ex Beatle George Harrison.

"Atmósfera cero"
(Outland, 1981)

US.
109 minutos.
Warner.
Panavisión.

Productor: Richard A. Roth.
Director: Peter Hyams.
Guión: Peter Hyams.
Fotografía: Stephen Goldblatt.
Director artístico: Malcolm Middleton.
Intérpretes: Sean Connery (O'Neal), Peter Boyle (Sheppard), Frances Sterhagen (Lazarus), James B. Sikking (Montore), Steven Berkoff (Sagan), John Ratzenberger (Tarlow), Hal Galili (Nelson) y Angus Macinnes (Hughes).

La ciencia ficción colocó en este caso a un futuro sucio, sin moral, mediante una nave en el espacio puesta solamente por motivos económicos. Sean Connery es el nuevo policía de este distrito federal espacial, situado cerca de una luna volcánica de Júpiter, quien se da cuenta que Peter Boyle, el jefe de las minas, vende anfetaminas a los trabajadores para que rindan al máximo durante su turno único de doce meses. Esta droga les hace rendir al máximo, pero también les vuelve furiosos y se atacan entre ellos.

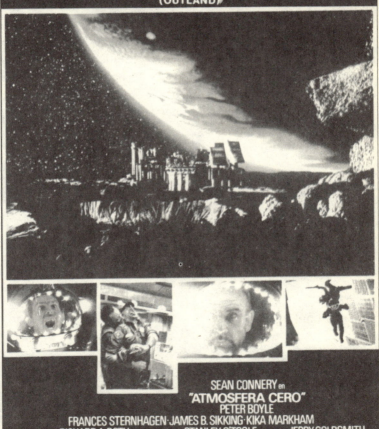

Cuando Connery destruye un embarque de la droga, Boyle envía a unos mercenarios asesinos para que le eliminen. Súbitamente nuestro buen hombre se encuentra sólo para lograr detener a los asesinos a sueldo.

Peter Hyams dirigió acertadamente las persecuciones y las peleas, aunque, como autor también del guión, todo el dramatismo queda amortiguado y en ocasiones no tiene sentido lógico. Por ejemplo: los mineros no quieren ayudar a Connery porque tienen miedo, pero son valientes para pelearse, matar y organizar mil altercados. La película es claustrofóbica, sombría, repugnante a veces y con situaciones muy vistas y lo mismo podría haber estado ambientada en una mina de carbón terrestre que en un barco petrolífero. El conjunto, no obstante, es agradable.

Buen trabajo el de Sean Connery.

Premios:

Nominada al mejor sonido 1981: John K. Wilkinson, Robert W. Glass, Jr., Robert M. Thirlwell y Robin Gregory.

"Objetivo mortal"
(Wrong is Right, 1982)

US.
117 minutos.

Productor: Richard Brooks.
Director: Richard Brooks.
Guión: Richard Brooks.
Basado en la novela "The Better Angels", de Charles McCarry.
Intérpretes: Sean Connery (Patrick Hale), George Grizzard (presidente Lockwood), Robert Conrad (general Wom-

bat), Katharine Ross (Sally Blake), G. D. Spradlin (Philindros), John Saxon (Homer Hubbard), Henry Silva (Rafeeq), Leslie Nielsen (Mallory), Robert Webber (Harvey) y Rosalind Cash (Mrs. Ford).

Ambiciosa, rara y libre película sobre el mundo de la televisión y su poder sobre la cultura y la manipulación de las noticias. Como una sátira de los medios de comunicación visuales, Connery hace el trabajo de un reportero muy famoso que se ve involucrado en un grupo de terroristas internacionales.

"Cinco días, un verano"
(Five Days One Summer, 1982)

US.
108 minutos.

Director: Fred Zinnemann.
Intérpretes: Sean Connery, Betsy Brantley, Lambert Wilson, Jennifer Hilary, Isabel Dean, Gerald Buhr y Anna Massey.

El maduro hombre con gran filosofía en sus sentimientos, curtido por la vida, que viaja de vacaciones con su joven esposa a Suiza, nos parece una historia con un final tan previsible que esperábamos que el guionista no cayera en la vulgaridad. Dentro de lo esperado, al menos asistimos a un drama natural en las montañas nevadas en los años 30.
La adaptación de la novela de Kay Boyle, con un guión demasiado modificado, es solamente pasable, aunque la película cuenta con una producción impecable.

"G'Ole" (1982)

Sin datos.

"El caballero verde"
(Sword of the Valiant, 1983)

UK.
101 minutos.

Director: Stephen Weeks.
Intérpretes: Miles O'Keeffe, Cyrielle Claire, Leigh Lawson, Sean Connery, Trevor Howard, Peter Cushing, Ronald Lacey, Lila Kedrova y John Rhys-Davies.

Viejo pero gracioso, Connery (como el Caballero Verde) solamente aparece en la pantalla en unas pocas escenas, con un atuendo que motiva a la risa despiadada, aunque él agrega su peculiar sabor a este cuento. La historia nos habla de un joven caballero medieval interpretado por O'Keeffe, quien debe resolver un acertijo en un año o morir.

Remake de "Gawain" y "The Green Knight" por los mismos autores, pero sin apenas lograr mejorar los anteriores.

"Nunca digas nunca jamás"
(Never Say Never Again, 1983)

US.
137 minutos.
Panavisión.
Taliafilm Production.

Productor: Jack Schwartzman.
Director: Irvin Kershner.
Guión: Lorenzo Semple Jr.
Basado en una historia de Kevin McClory, Jack Whittingham y Ian Fleming.
Compositor: Michel Legrand.
Letra: Marilyn Bergman.

Efectos especiales: David Dryer y Ian Wingrove.
Vestuario: Charles Knode.
Intérpretes: Sean Connery (James Bond), Klaus Maria Bradauer (Largo), Max Von Sydow (Blonfeld), Bárbara Carrera (Fátima Blush), Kim Basinger (Dominó), Bernie Casey (Félix Leiter), Alec McCowen (Qalgy), Edward Fox ("M"), Anthony Sharp (lord Ambrose), Ronald Pickup (Elliot), Robert Rietty (ministro italiano) y Pamela Salem (Miss Moneypenny).

Ya tenemos de nuevo a James Bond para hacernos vivir nuevas aventuras. Es una buena película para ver la manera inimitable de Connery moviendo las cejas, mientras tuerce sus labios con esa sonrisa burlona que presagia un desastre para los malvados. También nos devuelve su peculiar manera lasciva de mirar a las mujeres, oteando el horizonte para escoger aquella que usará y tirará rápidamente. Previamente, las ha desnudado con la mirada, pero nosotros no somos capaces de saber qué es lo que está viendo. Si no le gusta lo que sus penetrantes ojos ven, un sonoro bofetón es suficiente para apartarlas de su lado si se ponen pesadas. Un delirio para las feministas.

Han pasado varios años desde que Sean Connery colgó sus trajes de James Bond. Varios años desde "Diamantes para la eternidad" y el anuncio de Connery de que él "nunca nuevamente" interpretaría al agente especial 007. Los motivos reales para que decidiera volver a encarnar a 007 permanecen ocultos en su mente, aunque podemos divagar y:

1. Quizá una mañana se miró frente al espejo, metió su estómago y se encontró muy a disgusto con sus cincuenta años. Ese día decidió retornar al pasado (comprensible).
2. Posiblemente quisiera demostrar que todavía era más guapo que Roger Moore (cuestión de gustos).

3. Necesitaba dinero (nos extraña).
4. Quería hacer la puñeta a los productores Broccoli y Saltzman, y hundirles sus películas con Moore (probablemente).
5. La idea de rodar un filme con Kim Basinger era demasiado irresistible (lógico).

La película se tituló "Nunca digas nunca jamás", nombre que por cierto no tiene nada que ver ni con la película ni con las novelas de Ian Fleming y que es solamente una prueba más de que Connery no se tomó nunca en serio este filme.

La trama argumental, remake íntegro de "Operación Trueno", nos cuenta la amenaza de Spectra al mundo entero. Poseedor de dos misiles nucleares de largo alcance, intenta chantajear a las naciones para que les den un montón de dinero. Bond es llamado de nuevo para frenar al malvado, que esta vez está ayudado por Fátima (Bárbara Carrera), una chica tan guapa como malvada, y por Kim Basinger como la novia inocente del perverso Largo (Klaus Maria Brandauer). Entre los villanos tenemos a Max Von Sydow como Blonfeld.

La película se rodó nuevamente en escenarios exóticos del sur de Francia y las Bahamas.

Lo que hace que "Nunca digas nunca jamás" sea más agradable que el resto de las películas de Bond es una suma de circunstancias complejas. Por un lado tenemos a los malvados, especialmente a Klaus Maria Brandauer, como Largo. Brandauer es un actor maravilloso, y él escoge no jugar al villano como un cliché. En lugar de ello, aporta una gran viveza y encanto al personaje de Largo, mientras que Connery está aún más convincente como Bond que en el resto de la saga, lo que no nos extraña teniendo a Kim Basinger al lado.

Sean Connery afirmó al finalizar el rodaje que ahora cumpliría ciertamente su propósito de no volver a interpretar

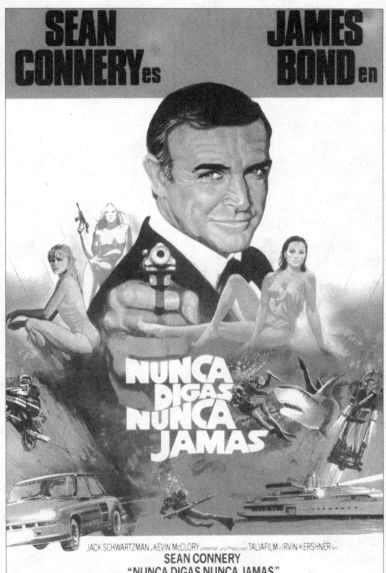

a Bond, lo que verdaderamente ha cumplido. Pero el hecho es que él deseaba despedirse del personaje con orgullo y demostrando que nadie le podría hacer sombra "nunca jamás", aunque en esa época no conocía todavía a Pierce Brosnan.

"Los Inmortales"
(Highlander, 1986)

US.
111 minutos.

Director: Russell Mulcahy.
Música: Michael Kamen.
Intérpretes: Christopher Lambert, Roxanne Hart, Clancy Brown, Sean Connery, Beatie Edney y Alen North.

Nuestro protagonista es un hombre inmortal que proviene de la Escocia del siglo XVI y llega hasta la moderna América para pelear con su eterno enemigo. Solamente uno de ellos puede sobrevivir, aunque un buen corte en la cabeza solucionará el problema.

La base de la película es interesante y aunque da lugar a numerosas divagaciones científicas, aquí ni se tocan. Los humanos inmortales no son dioses y por eso aman a las mujeres mientras ellas son jóvenes. Con el paso inexorable de los años ellas envejecen y, como no es cosa de hacer el amor a la abuelita, se marchan en busca de otra chica guapa, y vuelta a empezar.

Connery no es el protagonista, y la mayoría de las escenas las acapara Christopher Lambert, quien tiene la suerte de tener un tutor como Sean. Una advertencia: si es usted propenso al mareo no acuda al cine a las primeras filas; los movimientos de cámara de su director Mulcahy le harán caer en un desagradable mareo. Hay al menos dicisiete interminables minutos en los cuales la cámara parece presa de un ata-

que de nervios que hizo caer en el aturdimiento a más de un espectador.

La película fue mutilada por los productores sumamente preocupados por este delirio del director, aunque, aun así, fue un éxito comercial que degeneró en una secuela y en una interminable serie de televisión.

"El nombre de la Rosa"
(The Name of the Rose, 1986)

Francesa-Alemana-Italiana.
130 minutos.

Productor: Bernd Eichinger.
Director: Jean-Jacques Annaud.
Guión: Alain Godard, Andrew Birkin, Gérard Brach y Howard Franklin.
Intérpretes: Sean Connery (William de Baskerville), F. Murray Abraham (Bernardo Gui), Christian Slater (Adso de Melk), Elya Baskin (Severinus), Feodor Chaliapin Jr. (Jorge de Burgos), William Hickey (Ubertino de Casale) y Michael Lonsdale (el abad).

En mi imaginación, hay dos tipos de monjes y dos tipos de monasterios. El tipo primero de monasterio es una comunidad robusta de hombres que trabajan duro y rezan mucho, mientras se ponen muy morenos por el sol, demostrando que tienen un sentido del humor muy práctico. Ellos han unido la vida del rezo con la vida del trabajo. El segundo monasterio es una serie de pasajes lúgubres, donde los pocos hombres que los habitan son unos santurrones que pasan de política y mantienen cierto resentimiento hacia la humanidad pecadora.

En las primeras escenas de "El nombre de la Rosa", nos damos cuenta que será una película sobre un concurso entre los dos tipos de monjes. Primero viene uno, caminando a tra-

vés de los campos abiertos de la Edad Media, con su hábito pesado de lana que le proporciona poca protección contra los vientos fríos, mientras a su lado camina un joven novicio. Su nombre es William de Baskerville, y es interpretado por Sean Connery, quien se muestra primero como un hombre moderno y también como un erudito monje que comprende todas las lecciones del pasado pero es capaz de verlas en un contexto más amplio que las propias de su tiempo.

Un día, William llega a un enorme monasterio, que se alza en lo alto de una colina acantilada. En su base, tratando de calmar su hambre, buscan los trozos de alimentos que tiran abajo desde las cocinas del monasterio. También hay una torre enorme que parece un laberinto, donde se podría encontrar cualquier cosa siempre que no sea buena.

Una serie de asesinatos tienen lugar en el monasterio. William tiene reputación como un buen detective aficionado y nada más llegar se pone a investigar lo que ocasiona esas muertes y por supuesto al asesino. Hay muchos sospechosos, desde luego, y es imposible encontrar un solo monje en ese monasterio que no sea considerado sospechoso.

Nosotros tenemos ya una correcta estructuración para una película maravillosa, pero lo que luego vemos no es tanto, sino, desafortunadamente, una historia muy confusa, fotografiada con una gran melancolía y oscuridad que a veces nos impide saber lo que está sucediendo. William de Baskerville escucha todo lo que oye a su alrededor y mueve la cabeza sagazmente por todos los rincones, al mismo tiempo que da sabios consejos al joven novicio. Está claro que él sabe algo, pero el guionista pretende que el espectador no sepa nada, que no pueda sacar sus propias conclusiones y que vea que es imposible averiguar nada hasta el final.

Durante la parte central de la película, la atmósfera amenaza con anular la acción. "El nombre de la Rosa" es la historia de un verdadero monasterio y aporta elementos que acaban convenciendo, pero desgraciadamente la película toma capítulos sacados literalmente de la novela y coloca entonces los sucesos con tal melancolía impenetrable que a veces es casi imposible saber qué sucede.

La buena interpretación nos ayuda a mantener nuestra atención y vemos sucesos horrorosos, como un monje que aparece muerto en la base de la torre y otro ahogado (creemos que involuntariamente) en una cuba de vino. William de Baskerville mueve solemnemente su cabeza cada vez que ve un nuevo acontecimiento, deliberadamente, sabiamente, pero entonces todo empieza a tener un ritmo loco, cuando el Gran Inquisidor llega para averiguar todos los secretos que alberga el laberinto de la torre.

Está muy claro que las necesidades narrativas de una película no pueden ser iguales a las de una novela. Si fuera así faltaría inspiración a sus realizadores y se trataría solamente de un plagio disciplinario. En un momento crucial de la película, William y su novicio parecen estar seguros de ser quemados vivos, y después nosotros tenemos que deducir cómo lograron escapar, porque la película no nos lo cuenta. Hay muchas cosas buenas en "El nombre de la Rosa": la interpretación, la reconstrucción de la historia, el ambiente medieval y la recreación de la vida en el monasterio.

"Los intocables de Elliot Ness"
(The Untouchables, 1987)

US.
119 minutos.
Paramount.
Panavisión.

Productor: Art Linson.
Director: Brian de Palma.

Guión: David Mamet.
Compositor: Ennio Morricone.
Fotografía: Stephen H. Burum.
Vestuario: Marilyn Vance-Straker.
Intérpretes: Kevin Costner (Elliot Ness), Sean Connery (James Malone), Charles Martin Smith (Oscar Wallace), Andy García (George Stone), Robert De Niro (Al Capone), Richard Bradford (Mike), Jack Kehoe (Walter Payne), Brad Sullivan (George), Billy Drago (Frank Nitti), Don Harvey (Preseuski), Robert Saw (capitán Mountie) y John Walsh (Bartender).

Hay un momento extraordinario en "Los Intocables", cuando un delincuente es capturado en la frontera de Canadá, mientras trataba de escapar borracho de Al Capone. Uno de sus compinches está muerto, aunque él no lo sabe. Sean Connery coge el cadáver, lo pone en pie apoyado en la pared, y dice a gritos que le matará de un tiro si su compañero no habla. Desde dentro de la cabaña, el otro delincuente decide hablar.

Éste es un momento de rápida improvisación brutal, y tiene una energía que no volvemos a encontrar posteriormente en "Los Intocables". La película está basada en una época en la cual la Ley Seca produjo una fuerte guerra entre las bandas de mafiosos, aunque recreaba más la época que la guerra misma.

"Los Intocables" tiene buenos vestuarios, grandes decorados, grandes automóviles antiguos, muchos revólveres, grandes escenarios y un clima que refleja bastante bien la época de la restricción. Pero no tiene un gran guión, aunque sí una buena interpretación y dirección.

El guión es de David Mamet, el dramaturgo, pero podría haber sido escrito por un desconocido. No tiene el toque profesional que esperamos, y la manera de contar la historia es muy conservadora, buscando más espectacularidad en las ac-

ciones que en las palabras. De lo que también carece desde cualquier punto de vista en el guión, es de la tensión dinámica de muchas de las anteriores películas de gángsters escritas por personas de menor talento literario. Todo parece demasiado fijo, previsible y reiterativo.

La interpretación es otro capítulo aparte. La estrella de la película es Kevin Costner, como Elliot Ness, el agente federal honrado que mantiene una pugna personal contra Al Capone. Costner es la persona que le quiere meter en la cárcel, pero no es un ingrato, y trata de hacer una excepción con él si cambia su postura. Costner estuvo asistido en todo momento por Al Wolff, quien le indicaba frecuentemente cómo debería actuar y moverse. El auténtico Elliot Ness caminaba despacio y cuando sacaba el revólver era para disparar, nunca para intimidar.

Para muchos, la desilusión mayor es Robert De Niro, como Al Capone. En todas las películas sobre Capone aparece su cara cortada como parte esencial de la historia. Pero en esta ocasión la actitud de Robert De Niro anula toda la personalidad intrínseca de Capone y nos muestra un gángster muy dramático, musical, y que trata de impresionar con sus discursos. No hay un solo indicio que nos indique por qué quiso hacer esta bufonada de un personaje de leyenda, una persona que era un genio de las finanzas, que fundó una industria muy poderosa y que llegó a ser millonario cuando aún era joven. Era también un asesino y un delincuente, pero no un tonto.

La mejor actuación en la película es la de Sean Connery, como un guardia de origen escocés que vive en Norteamérica, ayudando con su honradez a que Ness pueda controlar el negocio ilícito del alcohol. Connery trae un elemento humano a su personaje; él parece haber tenido una leyenda previa a su trabajo en "Los Intocables", y cuando está en escena nos damos cuenta, brevemente, que

durante el decenio de 1920 el mundo estaba habitado por gente, no por caricaturas.

La mayoría de las cosas de esta película son correctas, incluida la producción. Hay escenas rodadas en la calle con un vestuario genial y automóviles auténticos de aquella época que nos gustan especialmente. También es muy acertada la presencia de Capone en los hoteles y en la sala del tribunal. La labor de dirección de Brian de Palma es muy acertada, ágil, recreando perfectamente los lugares y circunstancias peculiares de esa época.

El argumento base nos habla de Elliot Ness, un agente federal del Tesoro, que llega a Chicago con la misión del Gobierno para que acabe con el imperio del terror encabezado por Al Capone. Para conseguir su objetivo está ayudado por Jimmy Malone, un policía irlandés veterano y sagaz, un experto tirador de nombre George Stone y un contable que deberá meter al gángster en la cárcel acusándole de evasión de impuestos.

Los años 20 eran ya una leyenda en los años 30 y en esa época los estudios de cine tocaron las hazañas de Capone. La Warner Brothers había rodado ya diversas películas sobre este personaje, aunque en las posteriores revisiones se sacrificó autenticidad a favor de una mayor espectacularidad. "Chicago años 30" y "Once Upon A Time In America" son dos de las mejores obras anteriores, sin que podamos olvidar tampoco la serie de televisión que da origen a esta película.

Premios:

Oscar al mejor actor secundario 1987: Sean Connery.
Nominada a la mejor dirección artística 1987: Patrizia von Brandenstein y Hal Gausman.
Nominada al mejor vestuario 1987: Marilyn Vance-Straker.

"Más fuerte que el odio"
(The Presidio, 1988)

US.
97 minutos.
Panavisión.

Productor: D. Constantine Conte.
Director: Peter Hyams.
Guión: Larry Ferguson.
Intérpretes: Sean Connery (coronel Alan Caldwell), Mark Harmon (Jay Austin), Meg Ryan (Donna Caldwell), Jack Warde (sargento mayor Ross "Top" Maclure), Mark Blum (Arthur Peale) y Dana Cladstone (coronel Paul Lawrence).

Mark Harmon es un guardia que investiga un asesinato que tuvo lugar en una base militar local y amarga la existencia a un jefe militar que trata de frenarle los pies, al mismo tiempo que se enamora de su hija. Todo con un robo de diamantes por medio, una fórmula nada buena, pero que es llevada con cierta soltura por el director Hyams, experto en películas de ciencia-ficción. Buena interpretación de Connery y Meg Ryan y bastante mediocre la de Harmon.

"Memorias de Me"
(Memories of Me, 1989)

US.
105 minutos.

Productores: Michael Hertzberg, Billy Crystal y Alan King.
Director: Henry Winkler.
Guión: Billy Crystal y Eric Roth.

Intérpretes: Billy Crystal (Abbie), Alan King (Abe), Jobeth Williams (Lisa) y David Ackroyd (asistente).

Un cirujano de corazón, que recientemente había padecido él mismo un ataque, busca a su padre que ha perdido el juicio, tratando de poner su vida en orden.

La ingeniosa comedia, combinada con elementos dramáticos y escenas emocionales empalagosas, terminar por no agradar a pesar del buen comienzo. Billy Crystal interpretó e hizo el guión y, por tanto, destaca en todas las escenas, mientras que la figura de Connery es a descubrir por el espectador.

"Indiana Jones y la Última Cruzada
(Indiana Jones and the Last Crusade, 1989)

127 minutos.
Color.

Productor: Robert Watts.
Director: Steven Spielberg.
Guión: Jeffrey Boam.
Fotografía: Douglas Slocombe.
Música: John Williams.
Intérpretes: Harrison Ford (Indiana Jones), Sean Connery (doctor Henry Jones), Denholm Elliott (Marcus Brody), Alison Doody (doctora Elsa Schneider), John Ehys-Davies (Sallah) y River Phoenix (Indiana Jones, joven).

Esta última entrega de la trilogía, fue el broche de oro para una estrecha colaboración entre Steven Spielberg y George Lucas. La película, que contó con un presupuesto de treinta y seis millones de dólares, tuvo algunas dificultades para su producción, motivadas por las discrepancias que originaron algunas escenas de su predecesora "Indiana

Jones y el Templo Maldito". Finalmente, George Lucas dio el visto bueno y la película llegó a su estreno proporcionando cuantiosos beneficios en taquilla.

El rodaje comenzó en Almería, el 16 de mayo de 1988.

La intervención de Sean Connery en el reparto, como padre de nuestro aventurero, fue un acierto total. Su afán de educador le lleva a estar siempre pendiente de su hijo, que por el contrario, a pesar de admirar profundamente a su padre, es básicamente un aventurero y esto hace que esté lejos de él durante años.

La acción se desarrolla en 1938, cuando el doctor Henry Jones (Sean Connery) es secuestrado, y su hijo Indiana Jones (Harrison Ford) recorre medio mundo para encontrarle. Cuando le encuentra, entre los dos se da una relación mezcla de ironía y humor, logrando unos resultados muy agradables.

Como ya era habitual en las anteriores, también aquí se contó con la intervención de innumerables "bichitos" y los actores se tuvieron que mezclar con veinticinco caballos, cinco cocodrilos, dos tortugas, un león, quince camellos y cientos de serpientes que tuvieron que ser controladas por el especialista Mike Culling.

Para rodar las escenas exteriores el equipo de Spielberg hubo de trasladarse a distintos países. Algunas zonas de España, como la playa del cabo de Gata o el desierto almeriense de Tabernas, sirvieron de escenario simulado de tierras turcas, mientras que el puerto de Londres se utilizó para rodar la persecución por los canales de Venecia.

Hay un estilo de narrativa que apareció en las revistas de aventuras para muchachos en los años 40, la mayoría de cuyas inocentes aventuras han sido reemplazadas por revistas sobre monstruos de película y estilos de vida. Las ilustraciones eran siempre sobre lo mismo. Mostraban un grupo pequeño de hombres morenos que revolotean con ávido interés sobre un tesoro escondido, con una expresión de alegría en sus rostros barbudos, mientras en los alrededores dos muchachos espiaban escondidos detrás de una roca. El punto de vista era siempre sobre los hombros de los muchachos y al lector se le invitaba a compartir la escena.

"Indiana Jones y la Última Cruzada" comienza con la misma escena; Steven Spielberg debió encontrar en el sótano de su casa viejos ejemplares de "Boy's Life" y "Thrilling Wonder Tales". Cuando yo los leí sentí un gran placer, porque las últimas películas de Hollywood han llegado a ser demasiado simples y cínicas, y han perdido la ilusión de que usted pueda encontrarse con aventuras inauditas, simplemente yendo por el campo de excursión con su tropa de boys scouts.

Spielberg ilumina las escenas con los colores básicos fuertes de las viejas revistas, y por supuesto cuando los hombres morenos se inclinan sobre su descubrimiento, parecen relucir con una luz propia que baña sus caras en un resplandor dorado. Éste es el tipo de escena que puede justificar realmente ver la película.

Uno de los dos niños que hay detrás de la piedra es, por supuesto, el joven Indiana Jones. Pero él es descubierto por exploradores que están robando el tesoro, y se impone en ese momento realizar una veloz escapada. La carrera termina y de repente nos encontramos en los años de la Segunda Guerra Mundial.

La primera escena de esta tercera entrega de Indiana Jones es la única que parece verdaderamente original, aunque quizá yo debería decir que a partir de entonces se incorporan imágenes similares a los seriales de los años 40, que Spielberg no había incluido antes. El resto de la película no constituye ninguna sorpresa ni una novedad sobre las dos anteriores, pero quizá ha sido mejor así, ya que el público aficionado esperaba realmente lo que se le estaba ofreciendo, una continuación de las aventuras de Indy.

La película continúa mostrándonos el familiar mundo del desafío a la muerte, las acrobacias increíbles, las eternas persecuciones y la búsqueda de metas imposibles en lugares impracticables, todo ello adornado con un estupendo humor seco.

Cuando "En busca del Arca Perdida" apareció, definió una nueva energía para las películas de aventuras; era un adelanto delirante. Pero no había manera de que Spielberg pudiera superarse a sí mismo, y quizá éste es el motivo por el cual "La Última Cruzada" debería ser la última película de Indy, y digo debería porque ya está en marcha la producción de la cuarta parte, nuevamente con Harrison Ford como protagonista. Para algunos jovencitos quizá sea demasiado triste verle envejecido y delgado, como ocurrió con las películas de James Bond, pero afortunadamente los aficionados hemos crecido al mismo tiempo y nos agradará ver a nuestro héroe, el auténtico, de nuevo en acción.

Unidos a esta tercera aventura, algunos de los elementos claves se vuelven a incluir desde "En busca del Arca Pérdida". En este tiempo, la búsqueda de Indy se centra en encontrar el Santo Grial, la taza que Jesucristo usó en su Última Cena y que se supone contiene su sangre (bebiendo en esa taza se conseguiría la eterna juventud). El Santo Grial nos recuerda al Arca de la Alianza de la primera película y en ambos casos la persecución está efectuada por nazis asesinos.

El nuevo elemento que se incorpora es la manera en que Spielberg llena alguna faceta del carácter de Jones. Nosotros aprendemos su verdadero nombre (que yo no les voy a dar a conocer aquí), y por fin encuentra a su padre, el profesor Henry Jones, que es interpretado por Sean Connery con gran maestría.

Aunque pueda parecernos una clásica historia para muchachos, el doctor Jones no es tanto un padre como un com-

pañero aliado, un compinche más viejo que tiene una gran dimensión humana, aunque los niños son incapaces de ver en sus padres esa complejidad. Junto con los espías nazis y los ladrones de joyas, la presencia del padre, encarnada por Connery, nos asegura diversión y nuevos elementos.

Harrison Ford es nuevamente Indiana Jones, por supuesto, y con él todo nos parece más fácil y creíble, ya que pocos otros actores pueden mantener una presencia tan adecuada en medio de tal caos. Después que Indy descubre la misión de su vida en las primeras escenas, la historia central tiene lugar unos años después, cuando el profesor Jones (la persona que más sabe en el mundo sobre la Cruz de Oro de Coronado) es raptado por unos malhechores que están convencidos de que él sabe el secreto de dónde se oculta la joya.

Pero Indy, trabajando con el cuaderno de su padre, sigue una pista desde América a las catacumbas ocultas debajo de las aguas de Venecia, y desde allí a los desiertos de Tierra Santa (para encontrar el Santo Grial), donde hay una escena sensacional de persecución que involucra un gigantesco tanque blindado de los nazis. Él está acompañado en su misión por la doctora Elsa Schneider (Alison Doody), una científica que ha encontrado en Venecia, pero su personaje supone una desilusión después del incendio de Karen Allen en la primera película, e iguala el bochorno de Kate Capshaw en la segunda.

Spielberg idea varias escenas muy elaboradas, de las cuales se pueden escoger especialmente las ratas que se encuentran en las catacumbas y alcantarillas de Venecia (aunque es posible que Venecia no tenga ningún tipo de catacumbas). Otra escena importante involucra a un zepelín (gigantesco globo dotado de motores y tripulantes) y una escapada de la aeronave mediante un avión, además del gigantesco tanque caminando sobre el desierto, con su aspecto terrible y convincente.

Si hay simplemente una sombra de desilusión después de ver esta película, tiene que ser porque nosotros no nos hemos encontrado con ningún material nuevo. "En busca del Arca Pérdida" ahora nos parece más que nunca como un punto decisivo en el cine de pura diversión, y es posible que no hubiera realmente ninguna otra manera de que Spielberg pudiera aportarnos nuevos elementos en una aventura sobre Indiana Jones. Lo que ha hecho es tomar los mismos elementos anteriores, aplicar su buena tecnología y acertada dirección, y proporcionarnos una nueva diversión. Casi nada.

Premios:

Oscar a los mejores efectos especiales.
Nominada a la mejor música: John Williams.
Nominada al mejor sonido: Ben Burtt, Gary Summers, Shawn Murphy y Tony Dawe.

"Negocios de familia"
(Family Business, 1989)

US.
115 minutos.
Tri-Star Pictures.

Productor: Lawrence Gordon.
Director: Sidney Lumet.
Guión: Vincent Patrick (basado en su propia novela).
Música: Cy Coleman.
Intérpretes: Sean Connery (Jessie McMullen), Dustin Hoffman (Vito McMullen), Matthew Broderick (Adam McMullen), Rosana de Soto (Elaine McMullen), Janet Carrol (Margie), Victoria Jackson (Christine), Bill McCutcheon

(Doheny), B. D. Wong (Jimmy Chiu) y Tony di Benedetto (Phil).

¿Qué quiere demostrar Sidney Lumet con "Negocios de familia"? ¿Una película de enredos o un drama familiar? La película parece perseguir ambas metas con igual éxito hasta una tercera parte de su metraje. Entonces los nuevos detalles y situaciones empiezan a sobrar, especialmente los cómicos, y el espectador ya no sabe si reírse o sentir pena por una familia tan mal avenida. En ese instante la dirección parece flaquear e incluso es difícil concentrarse durante las escenas más decisivas, incluidas las finales.

Pero no todo son críticas, ya que estamos ante todo asistiendo a un cine sostenido por los actores, una vieja fórmula que ha funcionado casi siempre. Las populares estrellas Sean Connery, Dustin Hoffman y Matthew Broderick, como las tres generaciones de una misma familia, están involucradas en el mismo delito. Connery, el abuelo, es un antiguo presidiario cuya posibilidad de volver a la cárcel es muy alta. Vive con un sistema de códigos de moral muy tradicional y está convencido de que solamente con la fuerza de los puños se puede doblegar a los indeseables. Por eso él acaba de salir de la cárcel, por resolver a puñetazos sus diferencias con un policía.

Hoffman es el hijo de Connery, medio escocés, medio siciliano, aunque su padre está convencido de que si su madre hubiera sido también escocesa su hijo habría triunfado plenamente en la vida. Y Broderick es el hijo de Hoffman (el nieto de Connery por si alguien no lo sabía), medio judío.

La película insiste reiteradamente en las diferencias generacionales de los tres protagonistas, lógicamente con el estigma de que los jóvenes siempre tienen la razón. Cuando comienzan las situaciones cómicas, la historia nos cuenta del robo de una fórmula que altera el ADN, que supuestamente revolucionará al mundo, aunque en realidad es una tontería

mayúscula que no sirve para nada, salvo para que su descubridor realice por todo el mundo conferencias subvencionadas.

En ese momento aparece Broderick, un erudito de la Westinghouse, quien nunca antes había estado metido en ningún delito. Hoffman, su padre, está totalmente en desacuerdo con la idea de que su hijo trabaje con él, ya que no desea que pueda seguir sus propios pasos y acabar siendo un vulgar delincuente. Los recuerdos de su propia niñez, con un padre ladrón y encarcelado frecuentemente, le han marcado, además de no compartir con Connery su entusiasmo por esa fórmula. Por tanto, está decidido a mantener a su hijo al margen.

Todas las escenas que establecen los caracteres de los personajes son mostradas con desenfado y numerosas notas cómicas, especialmente en cuanto al personaje de Connery, curiosamente el menos indicado para hacernos reír. El contraste emocional con su hijo es total, quizá menos que con su nieto. Las situaciones de enredo se complican innecesariamente y hay situaciones no aclaradas, como la posesión de una tarjeta de entrada y hasta el propio código de seguridad.

La trama continúa interesante cuando Broderick se equivoca estúpidamente y es capturado por la policía, momento en el cual Connery y Hoffman tienen que decidir si se ayudan a sí mismos o tratan de sacar al chico de la prisión. Para lograrlo, tienen que ir ellos a la cárcel.

Quizá en este momento es cuando el argumento ya nos aburre, puesto que parece obvio que abuelo y padre se sacrifiquen por el chico. El director Sidney Lumet intenta retomar la película y nos muestra todo un ejercicio de moral y psicología para que el espectador no pueda tomar partido tan rápidamente por Broderick. Aunque todo apunta a que Connery debe ir a la cárcel, por ser el promotor y el que menos futuro tiene. La certeza de que acabará sus días en prisión y nunca más podrá salir a la calle, deja el corazón encogido al espectador. Por si acaso no la han visto, no les diré el final.

Pero con todo el final seguramente es una desilusión para todos. El personaje de Connery cambia bruscamente, dramáticamente, sin que nos expliquen la causa. En ese momento parece que tanto Hoffman como Broderick pertenecen a otra película.

"Negocios de familia" parece jugar con dos barajas, comedia o tragedia familiar, y el problema es que el espectador decida inclinarse por uno de los dos lados y no se encuentre a gusto.

"La caza del Octubre Rojo"
(The Hunt For Red October, 1990)

US.
135 minutos.
Panavisión.
Paramount Pictures.

Productor: Mace Neufeld.
Director: John McTiernan.
Guión: Larry Ferguson y Donald Stewart.
Basado en el libro de Tom Clancy.
Música: Basil Poledouris.
Letras: A. V. Aleksandrov, S. V. Mikhalkov y G. A. El-Reghistan.
Efectos especiales: Scott Squires.
Maquetas: Wes Dawn y James R. Kail.
Vestuario: James Tyson.
Animación: Eric Swenson, Christopher Dierdorff, Pat Meyers y Charlie Canfield.
Intérpretes: Sean Connery (capitán Marko Ramius), Alec Baldwin (Jack Ryan), Scott Glenn (capitán Bart Mancuso), Sam Neill (capitán Borodin), James Earl Jones (almirante James Greer), Joss Ackland (Andrei Lysenko), Richard Jordan

(Jeffrey Pelt), Peter Firth (Ivan Putin), Tim Curry (doctor Petrov), Courtney B. Vance (Seaman Jones), Jeffrey Jones (Skip Tyler) y Timothy Carhart (Bill Steiner).

Las películas han de realizarse de manera que todo el mundo se asegure que no va a ser un fracaso. Cuando todo resulta mal, la búsqueda del mayor culpable es habitual, aunque los críticos suelen demostrar que son más sabios que nadie y pronto nos indican quién es el demonio. En "La caza del Octubre Rojo" no hay lugar para el fracaso, pero podía haber sido aún mejor, por lo que vamos a buscar al culpable.

El personaje central es Jack Ryan, un hombre de gran inteligencia que pertenece al servicio secreto ruso y que ante todo desea saber la verdadera razón por la cual un capitán soviético se convierte en traidor y trata de salir huyendo con un submarino nuclear.

El nombre del traidor es Ramius, que es el hombre más respetado en la Marina por su habilidad con los submarinos. Él ha entrenado a la mayoría de los otros capitanes de la flota, y ahora ha cogido los mandos de un sofisticado submarino llamado "Octubre Rojo", que usa un revolucionario sistema de navegación y es casi completamente silencioso. La inteligencia estadounidense investiga el "Octubre Rojo" y el modo en que ha conseguido abandonar los astilleros soviéticos, pero entonces el submarino desaparece de todos los controles y por ello la Marina soviética entera se moviliza por todo el Atlántico Norte, estableciéndose el juego del gato y el ratón, sin que podamos definir quién es quien.

Los soviéticos quieren demostrar a los norteamericanos que ese capitán Ramius es un loco que quiere ocultar el submarino cerca de la costa americana, y así apuntar sus proyectiles nucleares a Nueva York o Washington. Ellos piden que la Marina de los EE.UU. les ayuden para destruir el "Octubre Rojo". Pero Ryan (Alec Baldwin) cree que sería una equivocación trágica. Él cuenta a su superior, un almirante

interpretado por James Earl Jones, que Ramius realmente trata de abandonar Rusia y pedir asilo político en Estados Unidos y para eso necesita el submarino.

La estructuración de esta película de John McTiernan, basada en el best-séller de Tom Clancy, es un buen punto de partida para elaborar un lote laberíntico en el cual, justo a la mitad de la película, ya sabemos que nuestra misión como espectadores es adivinar las ocultas razones de Ramius, antes de que el director nos revele el final si hemos sido tan torpes para no saberlo. El mérito en la película está precisamente ahí, en la intriga, más que en la espectacularidad de las imágenes.

Muchos thrillers militares, especialmente aquellos centrados en la guerra fría, confían más en los estereotipos que tenemos sobre la relación entre rusos y americanos, que en la historia misma. Pero "La caza del Octubre Rojo" tiene más méritos que otras porque nos sugieren motivos muy íntimos para el comportamiento de las personas, no solamente fanatismos anticomunistas o anticapitalistas. El espectador tiene que deducir tomando como base los datos falsos que el director y el guionista introducen poco a poco, y cuando hay una secuencia intensa tiene que disfrutar de ella y olvidar su labor detectivesca y retomarla cuando el director quiere.

Ryan quiere conocer la personalidad de Ramius, y su único punto de partida es que en una ocasión ellos cenaron juntos en la misma mesa. Todos los demás datos son simplemente una serie de presentimientos.

McTiernan, cuyas anteriores películas fueron "Depredador", "Jungla de cristal" y "Terminator", todas sumamente importantes, consigue agregar a "La caza del Octubre Rojo" algo de la misma inteligencia que el autor de la novela posee. De algún modo nosotros sentimos que esta película es algo más que un thriller; es un ejercicio sobre la estrategia militar y diplomática en que los jugadores son todos lo suficientemente sabios como para que nosotros no podamos tomar sus acciones a la ligera.

"La caza del Octubre Rojo" tiene más de una docena de papeles importantes, además de otros muchos miembros secundarios que son cruciales en una o dos escenas, y cualquier película con un conjunto así de actores puede depender demasiado de ello. Nosotros no podríamos aguantar el filme si hubiera sido así. McTiernan utiliza a los populares actores sin darles demasiado protagonismo.

Sean Connery hace un Ramius convincente y, aunque su origen escocés permanezca latente, consigue hacernos creer que es un soviético, aunque bastante menos estereotipado de lo habitual. Alec Baldwin, como el funcionario acosado, tiene la apariencia de un hombre principal, pero él aleja voluntariamente sus detalles más personales, presentándose como un burócrata prisionero de sus jefes. Y Scott Glenn, como el comandante de un submarino de los EE.UU. que se encuentra dentro del silencioso "Octubre Rojo", es el personaje menos poderoso en la película, quizá por hacer un papel más estándar.

El diseño de producción ayuda mucho a la credibilidad de la película. Sabemos por referencia que los interiores de los submarinos suelen poseer una alta tecnología, y aunque la mayoría de nosotros nunca hemos estado en su interior damos por verdadero lo que nos muestran, impresionándonos por la exhibición tan extraordinaria de su tecnología y poderío. La película no trata de mostrarnos lo maravilloso que es el trabajo en el interior de uno de estos submarinos nucleares, ni tampoco insistir en que los hombres viven en un infierno claustrofóbico. Podemos considerarla al mismo nivel a cuando nos muestran el interior de la Casa Blanca, las oficinas de la CIA o el Kremlin.

Si existe un momento en el cual la película es verdaderamente menos impresionante, es precisamente en los exteriores debajo del mar. Cuando se utilizan modelos a escala de submarinos, los cineastas han intentado dar la impresión de que es fácil maniobrar con ellos abajo en el mar. Pero el exterior de un submarino no es intrínsecamente fotogénico, y hoy sabemos que apenas hay visibilidad ni color.

"La caza del Octubre Rojo" es una película eficaz que nos involucra en un juego inteligente entre sus protagonistas, hasta el punto de que en ocasiones nos imaginamos qué es lo que podríamos hacer nosotros en una situación igual. La conclusión final no es sencilla, es muy compleja, pero satisfactoria.

Solamente hay un dato que se le coló a alguien, quizá accionista de la Chesterfield, y es cuando vemos a unos marineros rusos fumando en el interior del submarino, un lugar en el cual el abastecimiento del oxígeno es vital para todos.

Premios:

Nominada al mejor filme 1990: Dennis Virkler y John Wright.
Nominada al mejor sonido 1990: Richard Bryce Goodman, Richard Overton, Kevin F. Cleary y Don Bassman.
Oscar al mejor efecto de sonido 1990: Cecilia Hall y George Watters, II.

"La Casa Rusia"
(The Russia House, 1990)

US.
123 minutos.
Technovisión.
Pathe Entertaiment.

Productor: Fred Schepisi y Paul Maslansky.
Director: Fred Schepisi.
Guión: Tom Stoppard.
Basado en una novela de John Le Carré.
Música: Jerry Goldsmith.
Decorados: Simon Wakefiewld.
Vestuario: Ruth Myers.
Intérpretes: Sean Connery (Barley Blair), Michelle Pfeiffer (Katya), Roy Scheider (Russell), James Fox (Ned), John Mahoney (Brady), Klaus Maria Brandauer (Dante), Ken Russell (Walter) y J. T. Walsh (Quinn).

Toma mucha paciencia mirar "La Casa Rusia", pero toma aun más paciencia por tratarse de tan buenos actores. Para juzgar esta película, la vida de un espía de la guerra fría, hay que sentarse tranquilamente en una sala bien insonorizada y esperar que algo de interés suceda.

Los espías de alto nivel en esta película se enganchan en algún tipo de red electrónica de alta tecnología que les permite saber en todo momento lo que hace su gente. Pero esas personas frecuentemente no hacen mucho, y entonces usted puede divagar y especular sobre lo que espera ver durante el resto de la película. Si tiene la suerte de estar viéndola en un vídeo, entonces le recomendamos que beba café o jerez, lea un libro o hable con alguien mientras espera que suceda eso tan interesante que desea.

La película, basada en el best-séller de John Le Carré, tiene lugar en el mundo de la guerra fría, con sus espías y todo. Cuenta la historia de un editor londinense (Sean Connery), muy amante del jazz y las mujeres (denota buen gusto por ello), a quien una bella mujer rusa (Michelle Pfeiffer) le entrega un manuscrito que podría cambiar el curso de la historia si es publicado. El manuscrito es interceptado por la inteligencia británica, quienes examinan el libro y a la mujer,

lo que provoca el enfado del editor, que decide acudir a Moscú para conseguir su publicación.

Las preguntas claves son: ¿quién es el autor?, ¿qué dice el libro?, ¿por qué quieren impedir su publicación? Aparentemente parece ser un trabajo altamente técnico que pone en duda la calidad del armamento de la Unión Soviética. Pero si esto es cierto, no sabemos por qué alguien de ese país quiere divulgarlo en Occidente.

Su nombre es Katya, interpretado por Michelle Pfeiffer, y ella es, además de hermosa, una chica muy seria. Por eso ningún espectador se extraña de que nazca un romance entre ella y Connery, y la intriga solamente está en adivinar dónde y cómo. El científico es Klaus Maria Brandauer, quien está también enamorado de Michelle, como tantos otros lo estamos.

La historia también nos cuenta la tristeza de tantas personas que han trabajado en la sombra para el servicio secreto soviético y ahora se encuentran desorientados cuando las relaciones con Occidente ya son casi normales.

La película ha sido perfectamente interpretada. Habiendo leído el libro, cualquiera hubiera dado el papel a Connery o a Michael Caine, mientras que Michelle Pfeiffer hace una Katya espléndida, con su pelo estirado que acentúa vagamente sus pómulos eslavos.

El rodaje se hizo en las principales y auténticas calles de Leningrado, rodándose también en un tren moscovita y en plena plaza Roja, con la catedral de San Basilio al fondo. Se incorporaron también escenas de Peredelkino, lugar de residencia de muchos artistas, los exteriores del cementerio, el Metro de Moscú y los alrededores de la cabaña de Pedro el Grande, así como en la posesión campestre de los zares en Kolomenskoye.

Hay algunas escenas sentimentales que sirven para romper la monotonía de la vieja fórmula de las películas de espías, aunque el romance de Connery, declarando su amor a Pfeiffer, se hace de manera muy superflua.

"Robin Hood, Príncipe de los Ladrones"
(Robin Hood: Prince of Thieves, 1991)

US.
138 minutos.

Productores: Richard B. Lewis, Pen Densham y John Watson.
Director: Kevin Reynolds.
Guión: Pen Densham y John Watson.
Basado en una historia de Densham.
Intérpretes: Kevin Costner (Robin Hood), Morgan Freeman (Azeem), Mary Elizabeth Mastrantonio (Maid Marian), Christian Slater (Will Scarlett), Alan Rickman (corregidor de Nottingham), Geraldine McEwan (Mortianna) y Sean Connery (rey Ricardo).

"Robin Hood, el Príncipe de los Ladrones" es una lóbrega, ofuscada, violenta y deprimente versión de la historia clásica, con muy poco de las aventuras y el romance que nosotros esperamos de Robin Hood. La mayoría de las escenas se desarrollan de noche o en bosques lúgubres, con mucha niebla o dentro de torres o en mazmorras lúgubres, que pueden estar bien para crear una atmósfera adecuada, pero que hace que las escenas de acción sean casi imposibles de seguir.

La película tiene otros muchos problemas: Kevin Costner hace el papel de un Robin Hood atento y con pinta de torturado, careciendo totalmente del regocijo de vivir que nosotros asociamos con su carácter. El romance entre Robin y Marian (Mary Elizabeth Mastrantonio), parece más platónico que sensual, como si ambos hubieran deseado que la historia real fuera así de sentimental. El personaje más colorido es el del villano, el sheriff de Nottingham (Alan Rickman), aunque también está fuera de lugar en esta película, lo mismo que la gran cantidad de matanzas a cuchillo que se muestran en un filme supuestamente familiar.

La película comienza con una mano siendo cortada y continúa con diversas amputaciones, palizas, ahorcamientos, incendios, destrucciones y hasta se puede ver a un muchacho colgado como parte de las víctimas. También se añaden explosiones, caídas desde grandes alturas y un intento del sheriff de Nottingham para violar a Marian, y que finaliza con ella abriendo sus piernas, bien mostradas por la cámara, antes de que Robin Hood entre ferozmente por la ventana.

Según sus autores, la película no es violenta, puesto que denuncia la violencia. Curiosa manera de poder incluir toda clase de barbaridades sin que los censores traten de clasificarla como "gravemente peligrosa". Todos los sacerdotes, además, están corrompidos o borrachos, y el corregidor consulta a una adivina que está encerrada en una mazmorra, pero que posee sin problemas huesos de pollo y sangre. El principal clérigo de Nottingham es un truhán y un mentiroso, que casa a Marian con el corregidor, mientras el castillo está sitiado por los buenos. Si tenemos en cuenta que ese clérigo es la persona más religiosa de la película, imagínense a qué altura está quedando la Iglesia.

La película habla de Robin Hood como una persona muy popular entre la guerrilla, un Che Guevara con arco y flecha, que vive con sus seguidores en los bosques de Sherwood e intercepta el correo del rey mediante túneles que oculta bajo el suelo del bosque. Su mejor amigo, un hombre muy duro, es un moro (Morgan Freeman), que ha vuelto desde Tierra Santa después de haberse escapado de la prisión. El problema disciplinario mayor para Robin es un fanático joven (Christian Slater), quien tiene guardado un importantísimo secreto que asombrará a Robin, pero no se lo dirá hasta el final de la película.

Mucho se ha dicho sobre el acento británico de Kevin Costner, o la carencia del mismo, pero a quienes vemos la versión doblada esto, lógicamente, no nos afecta. Según las noticias que nos llegan, ese acento se utilizó como arma de propaganda, asegurando que era lo más parecido a lo que el mismo Robin Hood tenía. Costner no está muy alegre, ni fuerte, ni cómico o heroico en su papel, y nos parece demasiado civilizado para un bandido tan popular. Este Robin Hood es socialmente muy responsable, y se parece a un santo partisano que quiere conservar el reino para el rey Ricardo (Sean Connery). Hay quien dice que se parece demasiado este Costner a Alan Alda, aunque creo que exageran.

Alan Rickman, en un contraste total, hace de corregidor como si él fuera David Letterman. Es un malvado, astuto e ingenioso jefe, que se desespera especialmente cuando llega Robin Hood en el momento en que está a punto de violar a Marian. Lo sentimos por él, pero el argumento requería esa interrupción.

El personaje únicamente importante es Morgan Freeman, como el moro, que con su voz y buenas maneras, además de usar una comicidad que se agradece, emplea el coraje en los momentos adecuados y es el que mejor sobrevive a esta mediocre película. Bueno, Mary Elizabeth Mastrantonio en su papel de Marian, también trata de salvar su personaje, aunque como el guionista ha tratado de hacerla muy moderna, con grandes dosis de independencia, notamos que navega un poco angustiada dentro de este corsé.

Los vestidos están todos demasiado limpios y planchados y el bosque Sherwood se asemeja más a los que veíamos en Tarzán o al de la escena final de "Apocalipsy Now". La batalla final merece un análisis aparte, cuando los mercenarios atacan a la banda de Robin y son todos destruidos, después de que ellos únicamente disponían de catapultas de incendio. Luego, rápidamente recuperados de esa lucha, asaltan al castillo, vencen y siguen contando con el mismo número de hombres. Quizá es que pagaron muy bien a los extras y se apuntaron a todas las batallas.

Un consejo: no lleve a sus hijos pequeños a ver esta película; existe una versión en dibujos de Disney que les alegrará más.

Premios:

Nominada por el mejor sonido 1991: Michael Kamen (música), Bryan Adams (letra) y Robert John Lange (letra).

"Los Inmortales II"
(Highlander 2: The Quickening, 1991)

US.
88 minutos.
J-D-C Scope.

Productores: William Panzer y Peter S. Davis.
Director: Russell Mulcahy.
Guión: Peter Bellwood.
Intérpretes: Christopher Lambert (Connor MacLeod), Sean Connery (Juan Villalobos Ramírez), Virginia Madsen (Louise Marcus), Michael Ironside (general Katana), John C. McGinley (Blake) y Allan Rich (Alan Neyman).

Esta película tiene que ser vista para ser creída. Por otra parte, quizá el precio que hay que pagar es demasiado alto. "Los Inmortales II" es la más hilarante e incomprensible película de los últimos años y para los muchos aficionados a la ciencia-ficción (que tuvieron la delicadeza de pagar una entrada para verla) será motivo para recordar durante muchos años.

La historia comienza en el año 1999, y entonces nosotros vemos un letrero que dice: "Veinticinco años después", seguido de otro que nos avisa que: "Hace quinientos años, en el planeta Zeist". En ese momento comienzan nuestras preguntas: ¿Nos habla de años en la Tierra o en el planeta Zeist?

Aparentemente la historia nos habla del planeta Zeist, que tiene un sol que se mueve en el horizonte igual que en la Tierra, por lo que un año allí debe ser igual que aquí. Luego nos dice que uno de los inmortales que fueron enviados a la Tierra, quinientos años antes, se encontró con los inmortales que vivían en Escocia hace quinientos años.

Estos seres privilegiados (luego veremos que son unos desgraciados infelices) se rebelaron en Zeist y fueron desterrados a la Tierra con la horrenda condena de ser inmortales, o sea, que no pueden morir. En cierto sentido, esto es una lata para ellos, aunque depende. Menos mal que alguien les avisa que si pueden regresar a Zeist allí podrán morir, aunque parece ser que nadie está por la labor de ese premio. También les advierten que en la Tierra podrán igualmente morir, pero siempre y cuando alguien les corte la cabeza. Con semejantes alternativas no nos debe extrañar que se pasen la película entera con la espada en ristre.

Los inmortales están interpretados por Sean Connery y Christopher Lambert, y ellos ya habían estado en la Tierra hacía quinientos años, aunque ahora quieren quedarse para siempre. Mientras tanto, en el año 1999, la capa de ozono comienza a desaparecer y ocasiona el pánico total de los habitantes. La única solución no está en evitar los gases perjudiciales, sino en llamar a Lambert para que invente un escudo que proteja al planeta. Este escudo, conocido como eso, "El Escudo", concentra un haz de láser que es enviado hasta un satélite y anula los efectos perjudiciales de la luz solar, aunque tiene un problema: siempre será de noche, y la temperatura y la humedad serán altísimas.

Pero el guionista nos envía veinticinco años después y vemos a un Lambert más viejo que va a la ópera, vistiendo un esmoquin (es cierto, no se rían), mientras la gente viste los mismos trajes a pesar del aumento del calor y la humedad. La vida en las grandes ciudades es imposible a causa del aumento de la delincuencia. Pero aunque la gente todavía logre sobrevivir a pesar del hambre, y la carencia total de luz natural alguien les advierte que son afortunados. Peor, mucho peor, es ser un inmortal.

Cualquier razonamiento científico de las verdaderas y previsibles consecuencias de esa noche eterna es mejor no cuestionárselas y hay que seguir viendo la película. Nuestro planeta está dominado por una organización criminal, hasta que una científica (Virginia Madsen) alerta a todo el mundo (mediante unas computadoras instaladas en los taxis) que "la radiación solar es normal". Ella explica que la capa de ozono se ha reparado a sí misma y mientras tanto, Sean Connery, todavía una criatura de la Escocia medieval donde él vive desde que llegó de Zeist, aparece en el siglo veinte vistiendo una falda escocesa y hablando duro, realizando pronto algunas peleas con espadas.

Si en verdad ese planeta llamado Zeist existe, yo rogaría a las agencias de viajes que no lo incluyan en su ruta turística.

"Los últimos días del Edén"
(Medicine Man, 1992)

    US.
    Cinergi-UIP.
    106 minutos.

Panavisión.

Productores: Andrew Vajna y Donna Dubrow.
Director: John McTiernan.
Guión: Tom Schulman y Sally Robinson.
Basado en una historia de Tom Schulman.
Música: Jerry Goldsmith.
Intérpretes: Sean Connery (doctor Robert Campbell), Lorraine Bracco (doctor Rae Crane), Jose Wilker (doctor Miguel Ornega), Rodolfo de Alexandre (Tanaki), Elías Monteiro Dasilva (Palala) y Angelo Barra Moreira (Medicine Man).

Todos los elementos aquí incorporados son, por separado, tema para una película, aunque ahora se nos muestran en conjunto. "Los últimos días del Edén", que en el argumento está ubicada en los lluviosos bosques del Amazonas (aunque en realidad estuvo rodada en las selva mejicana), tiene a un extraordinario Sean Connery como estrella, además de una aceptable oponente femenina en Lorraine Bracco, una malhablada y desagradable científica del Bronx.

Connery, a quien primeramente le vemos vistiendo atuendos tradicionales indios, es un excéntrico investigador médico que, después de ser abandonado por su esposa, se refugia en la selva amazónica, en tierras de Mopapal, para investigar algunas plantas medicinales contra el cáncer. Aunque él ha pedido un ayudante varón, le envían a una mujer que le recuerda que no debe comportarse como un salvaje, que debe ser amable con ella, pero nunca cariñoso, y que posiblemente ese remedio contra el cáncer sea una estupidez. Ante tales incordios, Connery la pide, primero amablemente y luego con peores modales, que se marche y le deje de nuevo tranquilo.

Pero ella no se va y todos nos preguntamos cuánto tiempo él la aguantará y cuándo esa niña mona se quedará

harta de tanta lluvia, mosquitos y aborígenes, y se irá de nuevo a su civilización. Ella es una mujer liberada (por supuesto), feminista (faltaría más), inteligente (se supone) y, además, debajo de su aspecto alberga un cuerpo maravilloso. Pero todos estos encantos y virtudes se le atragantan a Sean y lo primero que hace es que se comporte como un hombre, o sea, sin remilgos.

Y entonces aparecen las hormigas, tan pequeñas pero que poseen el secreto que miles de científicos de bata blanca no han logrado encontrar: son capaces de proporcionar el remedio para curar el cáncer de los humanos.

Connery las comprende, las cuida, y pronto se da cuenta de que ellas poseen el mejor de los medicamentos, pero entonces llegan los malvados de la película (la chica no era la mala, aunque alguien haya pensado que sí) y con sus hogueras y sus bulldozers arrasan todos los alrededores, incluidas esas hormigas.

Hay muchos momentos hermosos en "Los últimos días del Edén", como la escena de la soga y la polea mediante las cuales Connery es capaz de volar entre los gigantescos árboles. Al final, en este tipo de películas de esquema ecologista, siempre nos salimos del cine pensando lo brutos que somos los humanos.

"Sol Naciente"
(Rising Sun, 1993)

    US.
    129 minutos.
    20th Century Fox.

    Productor: Peter Kaufman.
    Director: Philip Kaufman.
    Guión: Philip Kaufman.

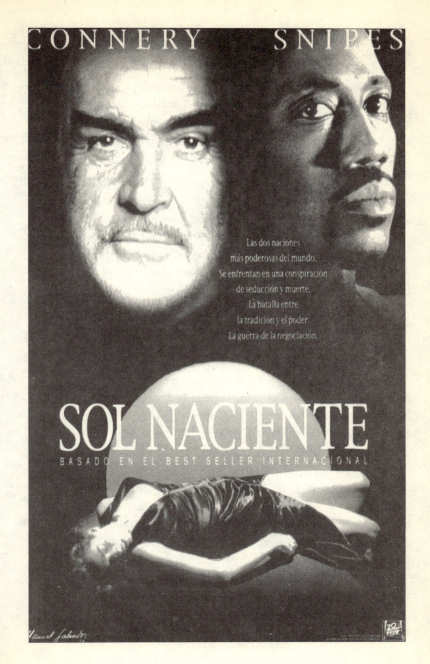

Desde el original guión basado en la novela de Michael Crichton.
Música: Toru Takemitsu.
Intérpretes: Sean Connery (John Connor), Wesley Snipes (Web Smith), Harvey Keitel (Tom Graham), Kevin Anderson (Bob Richmond), Mako (Yoshida-San), Ray Wise (senador John Morton), Stan Shaw (Phillips) y Michael Chapman (Fred Hoffman).

"Rising Sun", una novela de Michael Crichton sobre la diferencia entre la eficacia japonesa para resolver los crímenes y la norteamericana, se convierte aquí en el eje de la película. Por supuesto hay otros ingredientes menores, con el mundo de los negocios como telón de fondo, aunque se nos antoja un pelín racista porque aquí los americanos son los villanos, los tontos y los torpes, salvo Connery.

La película tiene lugar en el moderno Los Ángeles, donde una corporación multinacional japonesa opera en el mundo de los negocios dentro de un gran rascacielos. Un asesinato tiene lugar durante una función social en el edificio: se trata de una modelo de revistas eróticas, quien aparece aparentemente estrangulada sobre la mesa de una sala de sesiones. La mayoría de las pistas conducen directamente a Eddie Sakamura (Cary-Hiroyuki Tagawa), el amante de la mujer, quien ocupa un lugar importante a caballo entre los negocios y el crimen organizado.

Un policía de Los Ángeles (Harvey Keitel) está sobre la escena en ese momento, pero éste es un caso delicado porque los japoneses no quieren nublar la imagen de su corporación ahora que era ya muy poderosa. Por eso llaman para solucionar el caso a un hombre perteneciente a una unidad especial, el detective John Connor (Sean Connery), y a su socio, Web Smith (Wesley Snipes).

Desde el momento en que Connor y Smith llegan al lugar de los hechos, la película da un giro completo y se centra en los dos nuevos personajes. De hecho, en ese momento la película nos recuerda a unas cuantas anteriores, como "Alma letal" y tantas otras en las cuales dos detectives aparentemente dispares deben trabajar juntos para resolver un caso complicado. Al final, ya lo sabemos, se llegarán a querer y no pelearán por la chica guapa, puesto que siempre se la llevará el líder.

Éste es un argumento que salvo que nos muestre algo inédito, lo conocemos nada más empezar. Connery hace lo que puede por darle amenidad al filme y dice algunas cosas como que él analiza la mente de los japoneses, avisa de la táctica que van a emplear, puede presentir lo que hay detrás de las paredes y hasta augurar un buen desenlace. En una ocasión afirma que: "Cuando algo es demasiado bueno para ser cierto, entonces no es cierto." Aunque la chica guapa le dice finalmente que era cierto.

He aquí un diálogo increíble:

Snipes: Mire, esta mujer se llama Julia y accidentalmente...

Connery: Nada sucede accidentalmente. Ella es un mensajero.

Snipes: ¿Usted cree que alguien la envió? ¡OK!, ¿quién?

Connery: Los tipos malos.

En otra escena Connery exige una respuesta en el acto, y para eso van con la policía hasta un barrio de negros que les lleva un montón de tiempo.

Mucha de la investigación sobre el asesinato se centra sobre un hecho crucial: la identidad del asesino puede haber sido grabada en un sistema de seguridad de láserdisc, pero el disco parece haber sido alterado para ocultar los momentos cruciales cuando la cara del asesino podría ser visible. Snipes trabaja con un experto de vídeo y computadoras llamado

Jingo, el cual es capaz de manejar hábilmente la computadora y descubrir quién es el responsable del asesinato.

Está claro, sin embargo, que el director Philip Kaufman no consideró como una de sus misiones el hacer ningún tipo de declaración importante sobre este tema. La mayoría de los japoneses en la película tienen motivos que son fácilmente comprensibles, lo que intentan en demostrar que tienen alguna táctica, cuando en realidad no tienen ninguna. La imagen de los japoneses que se muestra en la película es tan estereotipada que nos da la impresión de haberla visto cientos de veces en el cine.

Lo que puede ocurrir, cuando analizamos los métodos policiales y financieros de los japoneses, es que en realidad tratamos de copiarles, no al contrario, porque les tenemos cierta envidia. Las descripciones de las tácticas en sus negocios casi siempre las vinculamos a asociaciones mafiosas y tenebrosas, cuando lógicamente no es así.

El personaje de Connery en "Sol Naciente" es bastante correcto porque él ha estado mucho tiempo en el Japón, ama a una japonesa y ha absorbido parte del carácter de los japoneses. No porque sea irlandés.

La investigación del asesinato es compleja, puesto que se agregan demasiados ingredientes y al final el lote pierde credibilidad y el espectador se da cuenta en seguida de quién es el asesino. Aun así, la película ha tenido bastante éxito y el mérito está principalmente en su director, Philip Kaufman, que impide que el interés decaiga. Connery está profundo en su papel de un investigador que es bastante sabio, aunque tarda mucho en tomar las medidas oportunas.

"Un buen hombre en África
(A Good Man in Africa, 1994)

US.

93 minutos.

Productores: Mark Tarlov y John Fiedler.
Director: Bruce Beresford.
Guión: William Boyd.
Intérpretes: Colin Friels (Morgan), Sean Connery (Murray), John Lithgow (Fanshawe), Diana Rigg (Chloe), Louis Gossett Jr. (Adekunle) y Jackie Mofken (Hazel).

"Un buen hombre en África" tiene algunas cosas políticamente incorrectas y necesita mostrarlas de una manera muy firme para que las creamos. Basada en una novela de 1985 de William Boyd, nos habla de un héroe un tanto sinvergüenza y egoísta, amante de la bebida y las mujeres, que permanece oculto en algún rincón del mundo llevando una vida miserable.

Nosotros vemos la historia mediante los ojos del héroe y, aunque su abatimiento se muestra con claridad, nos hace sonreír, puesto que él bromea sobre sus desgracias.

Las películas tienden a ser objetivas, sin embargo, y en este tipo de historia, filmada aquí por Bruce Beresford, nos extraña el tono cómico de esta historia en la que los blancos son los hipócritas y todos los negros están corrompidos. La mayoría de los personajes son interesantes, especialmente el que da origen al título, un doctor escocés llamado Murray, interpretado por Sean Connery, con una gran facilidad para enfadarse por causas justas.

La película tiene lugar en una nación africana ficticia donde Morgan Leafy (Colin Friel) es el primer secretario del alto comisionado británico. Es un bebedor empedernido que se levanta la mayoría de los días con un fuerte dolor de cabeza, y encara el día con temor y turbación. Su señora es una mujer africana llamada Hazel (Jackie Mofokeng), quien, como es habitual en las esposas de los alcohólicos, se encuentra más a gusto por la noche que por la mañana.

Un nuevo comisionado es nombrado: Fanshawe (John Lithgow), que odia su trabajo y solamente quiere cuidar de sí mismo. A él le llegan noticias de que se han encontrado en alta mar unos depósitos extensos de petróleo y si los británicos quieren conseguir el control de ellos necesitarán influir sobre Adekunle (Louis Gossett, Jr.), el cual se ha presentado para ser elegido presidente. Fanshawe da el trabajo a Leafy y éste se siente atraído por Priscilla.

Un nuevo problema: una mujer africana ha muerto en las dependencias oficiales, aunque no pueden retirarla de allí hasta que los rituales tradicionales tengan lugar. Fanshawe quiere que la saquen pronto porque un pariente lejano de la reina está a punto de llegar en visita oficial y no es cosa de tener un cadáver tirado en el suelo.

Este argumento y las actitudes que subyacen me recuerdan el tono de las novelas que se publicaron sobre África en los años 50, relativos a las colonias y las costumbres de los nativos. La película no es públicamente racista (aunque el libro hable de que el doctor Murray "puede ser el único hombre bueno en África"), aunque hay una clara tendencia a criticar a los nativos.

El director, Bruce Beresford, ha realizado películas como "Paseando a Miss Daisy" con bastante acierto, aunque ahora está más cerca de "Mister Johnson" (1991). La película es un estudio interesante sobre el carácter de un lugar y el tiempo histórico en el cual se desarrolló.

Hay también el problema de que Leafy no es un hombre muy agradable. En el libro, él es un excéntrico muy hablador y envejecido. En la película, él es simplemente un principiante.

A pesar de que otros directores suelen estropear las películas, "Un buen hombre en África" tiene muchas partes buenas que la convierten en un filme válido. La interpretación de Connery es bastante divertida, en especial una escena que tiene con Leafy. Lithgow es siempre un actor interesante, y aquí trata de aportar lo mejor de sí para dar firmeza al personaje, mientras que Louis Gossett, Jr. hace del corrompido Adekunle y lo hace de manera tal que podemos comprender perfectamente sus motivaciones.

"El Primer Caballero"
(First Knight, 1995)

US.
132 minutos.

Productores: Hunt Lowry y Jerry Zucker.
Director: Jerry Zucker.
Guión: William Nicholson.
Intérpretes: Sean Connery (Arthur), Richard Gere (Lancelot), Julia Ormond (Guinevere), Ben Cross (Malagant) y John Gielgud (Oswald).

La película "El Primer Caballero" fue la tercera de esa temporada que trató temas similares, como es el caso de "Rob Boy" y "Braveheart", dos ejemplos sobre las aventuras medievales, la guerra y el amor. La película es bastante divertida a su modo, y Sean Connery hace un espléndido rey Arturo, pero, comparado con las películas anteriores, es bastante menos convincente.

La historia es otro relato del triángulo de amor entre Camelot, Guinevere (Julia Ormond) y Arturo, cuyas tierras están bajo el ataque del perverso Malagant (Ben Cross). Ella decide casarse con el rey Arturo, en un reino de leyenda como es Camelot, por dos razones: porque ella le quiere amar y porque él puede proteger mejor a sus súbditos. Pero como los sucesos se complican, ella encuentra al joven y atractivo Lancelot (Richard Gere), quien la ha salvado de un ataque en el bosque, naciendo entre ambos un fuerte amor.

Es un triángulo amoroso bastante tradicional. Guinevere ama a Arturo con su mente y a Lancelot con su corazón (y su cuerpo). Los dos hombres se admiran el uno al otro. Si escoge a Arturo, ella también protege con su unión a todo su pueblo. Si escoge a Lancelot, vivirá un fuerte amor.

La película baraja un conflicto amoroso dentro de un ambiente guerrero, y todos nos preguntamos cómo reaccionará el rey Arturo cuando se entere que su prometida le engaña con su mejor amigo. En ese momento pensamos que ella es una ingrata.

Hay un momento, cuando el pueblo está sitiado, en el cual cae la campana de la torre sin ninguna razón evidente, excepto que hay unos hombres que han decidido hacerlo. En otro momento, Arturo se encuentra sobre una cima con Guinevere y le muestra la ciudad de Camelot reluciendo por la noche. O ellos tenían una gran cantidad de velas en aquella época o las personas que pusieron las luces no sabían nada de historia.

Todos estos problemas están más cerca del enigma que de la historia. A fin de identificarnos con el dilema de Guinevere, nosotros debemos ser verdaderamente capaces de creerlo. Es admisible que ella se sienta atraída al mismo tiempo por Arturo y Lancelot, aunque su duda no la entendemos, puesto que mientras Arturo es una persona honrada y fiel, Lancelot no parece tomarse en serio su amor.

"El Primer Caballero" maneja todas las cuestiones con poca profundidad. Guinevere está determinada a separarse de Lancelot y como un favor le da un beso de despedida (no sabemos si pretendía algo más), y en ese momento aparece Arturo. Lógicamente, el rey se enfada (aunque le dicen aquello de: "no es lo que parece") y los denuncia a ambos por traición, aunque ellos insisten en que su amor era muy platónico.

Con esta serie de problemas la película puede aportar algunas cosas buenas, incluyendo una batalla nocturna al claro de luna que hace brillar los cascos y las lanzas, y otra escena en la cual Arturo ofrece a Guinevere protección para Leonesse sin que esté obligada a casarse con él, aunque ella escoge casarse porque le admira. Hay algunos lugares bien logrados, como una mazmorra con un foso profundo.

Por otra parte, una escena crucial es estropeada por una mala iluminación. En la conversación entre Guinevere y Lancelot que conduce hasta su beso mortal, Gere está tan mal iluminado y fotografiado que parece cualquier cosa menos un caballero fuerte y valiente.

"Causa Justa"
(Just Cause, 1995)

US.
102 minutos.
Panavisión.

Productores: Lee Rich, Arne Glimcher y Steve Perry.
Director: Arne Glimcher.
Guión: Jeb Stuart y Peter Stone.
Basado en una novela de John Katzenbach.
Intérpretes: Sean Connery (Paul Armstrong), Laurence Fishburne (Tanny Brown), Kate Capshaw (Laurie Armstrong), Blair Underwood (Bobby Earl), Ruby Dee (Evangeline Ferguson) y Ed Harris (Blair Sullivan).

"Causa Justa" comienza de una manera fuerte con un muchacho que espera en la cárcel a que se ejecute su sentencia de muerte al estar acusado del asesinato de una niña de diez años. Es el tipo de película donde usted mira la pantalla y disfruta de un comienzo que le hace mirar a la pantalla, porque el tema le interesa. Imagínese: un pobre negro, guapo, joven y con cara de inocente a punto de ser metido en la cámara de gas a pesar de que insiste en su inocencia. Ya tenemos una nueva condena contra el racismo, porque, lógicamente, si le condenan es porque es negro, no porque sea culpable.

La película continúa con el profesor de derecho de la Universidad de Harvard, el popular Armstrong (Sean Connery), quien en esos momentos está dando un discurso sobre la pena capital. Entonces una mujer negra anciana (Rubí Dee) le entrega una carta de su nieto, quien está esperando en el Corredor de la Muerte por un asesinato que él dice que no cometió. Armstrong, con toda su sabiduría y experiencia, considera que cuando un condenado a muerte se declara inocente es que lo es, no hay duda; por eso acepta revisar el caso del joven.

Armstrong va a su casa, donde su esposa Laurie (Kate Capshaw), dirige magistralmente un partido para sus niños jóvenes. Ella lee la carta y le presiona para que acepte el caso, aunque él lleve sin practicar su oficio veinticinco años. Ese joven negro es inocente, asegura también su esposa.

Armstrong vuela al sur del país para encontrarse con Bobby Earl, el preso (Blair Underwood), y nosotros vemos algunos flashbacks que muestran cómo Bobby fue arrestado bajo sospecha de secuestro, violación y asesinato de una pequeña niña. En otra escena, un guardia local negro llamado Brown (Laurence Fishburne) consigue que el chico confiese poniéndole una pistola en la boca, en una versión de la ruleta rusa. La investigación de Armstrong muestra que Bobby Earl no estaba en el lugar del crimen, algo que la evidencia forense no consideró importante, y que tuvo una mala defensa por un abogado local (Ned Beatty), quien lloriquea: "Yo perdí la mitad de mi negocio por defender a ese hombre y ahora va a ser ajusticiado. ¿Se imagina usted qué habría pasado si hubiera sido absuelto?"

Ahora nosotros nos damos cuenta que estamos en el eje de la película. Todo está saliendo correctamente y se comprueba que hay muchas lagunas legales. Hay algunas pistas buenas sobre hechos que no se conocían, mientras que los policías que le sacaron la confesión se nos muestran malvados y racistas. Demasiado sencillo para que alguien se moleste en hacer una película de interés.

La mayoría de la gente querrá ver esta película a causa de la presencia de Sean Connery en el papel principal, y solamente por ello darán por bien empleado su dinero. Pero en esta ocasión Connery está apático, no reacciona ante nada, ni su rostro expresa la menor emoción. Si mantiene alguna lucha en su interior se la guarda y no es capaz de sacar el genio ni siquiera cuando le insultan.

Si su papel es el centro fuerte de la película, ninguno de los otros actores debería tenerlo fácil para destacar. Y no destacan porque son tan estereotipados que causa asombro que todavía se utilicen en algún argumento. Los blancos son unos malvados, los negros unas víctimas de la injusticia racista y las madres de los negros un pedazo de pan. Hay un momento, cuando el chico es considerado inocente y todo el mundo se felicita menos los policías que le apresaron, en que casi nos levantamos del asiento dispuestos a marcharnos a casa con la sensación de haber pagado demasiado por ver de nuevo a Sean Connery. Pero no, ahí están los guionistas para darnos una sorpresa increíble: el joven negro, tan guapo e inocente, no era tan inocente y había conseguido engañar hasta al sagaz profesor de derecho en Harvard.

Mi queja básica contra "Causa Justa" es que me he sentido manipulado, así de simple. Tanta violencia y perversión por parte de los policías, tanta denuncia contra el racismo, para que finalmente aparezca un asesino ingresado en prisión llamado Hannibal (Ed Harris) y nos demuestre que nos estaban engañando a todos.

No hay ninguna profundidad psicológica, ninguna verdadera motivación y ni siquiera valores humanos dignos de destacar. Simplemente salen personajes exagerados, los malos y los buenos, y un argumento tan pobre que pensamos que al guionista no le han debido pagar.

"Dragon Heart" (1996)

Sean Connery solamente puso la voz al dragón, aunque en la versión española escuchamos a Francisco Rabal, pero mascullando tanto las palabras que perdíamos la mitad de los diálogos.

"La Roca"
(The Rock, 1996)

Hollywood Pictures.

Director: Michael Bay.
Productores ejecutivos: Sean Connery, William Stuart y Louis Stroller.
Guión: David Weisberg, Douglas Cook y Mark Rosner.
Fotografía: John Schwartzman.
Música: Nick Glennie Smith y Hans Zimmer.
Intérpretes: Sean Connery (John Patrick Mason), Nicolas Cage (Stanley Goodspeed), Ed Harris (Francis X. Hummel), Michael Biech (Charles Anderson), William Forsythe (Eddie Paxton) y David Morse (Tom Baxter).

Un general, antiguo héroe de guerra, quiere que el Gobierno rinda honores a los militares que han perdido su vida por el bien de su patria y como por la vía diplomática no lo consigue decide pasar a la acción bélica. Recluta una serie de hombres armados pertenecientes a los comandos especiales y, aprovechando que la isla de Alcatraz es solamente un lugar de visita turística, la asalta, secuestra a los turistas y avisa al Gobierno que dispone de unos misiles para destruir la bahía de San Francisco.

Nuevamente los guionistas de Hollywood se han estrujado tanto el cerebro que les ha salido serrín, y aún hoy no nos explicamos que paguen a la gente por argumentos así. La excusa que tiene ese general Hummel para destruir San Francisco no hay quien se la tome en serio, aunque menos mal que el filme tiene otros ingredientes que nos hacen olvidar la pobreza argumental.

Un experto del FBI, aparentemente torpe y bobo, llamado Stanley (Nicolas Cage) es puesto al mando del equipo que deberá salvar a San Francisco del desastre, pero como se considera un inepto debe contar con la colaboración de un preso de nombre John Patrick (Sean Connery), el único hombre que consiguió escapar de Alcatraz hace muchos, muchos años. Pues con estos dos elementos ya podemos dormir tranquilos.

El director de la película llegó a afirmar que su intención era hacer un canto al heroísmo, el valor, el honor, la valentía y la nobleza, y que con ese argumento conseguiría todo.

Como alicientes para el filme, que por cierto fue un éxito rotundo en taquilla, tenemos que fue rodada en la auténtica prisión de Alcatraz y para conseguir unos buenos resultados se contó con la colaboración del Departamento de Parques Nacionales de Estados Unidos y de la Zona Recreativa del Golden Gate. Allí trasladaron docenas de camiones, cámaras y barcazas llenas de material, además de una gigantesca grúa. Durante varios días el equipo técnico y artístico vivió, comió y durmió en la gigantesca prisión, un lugar que actualmente es visitado por cuatro mil turistas diarios.

Hasta el mismo Sean Connery se sintió a gusto allí y afirmó que era un lugar impresionante y que cada día de rodaje era diferente. El resto de las escenas se filmaron en los antiguos estudios Metro Goldwyn Mayer, ahora pertenecientes a la Sony, incluyendo algunas escenas marítimas rodadas en un gigantesco tanque de agua que sirvió antaño para rodar las películas de Esther Williams.

ÍNDICE

Págs.

Sean Connery	9
Biografía	11
James Bond	18
Comienzan sus nuevos triunfos	27
El retorno de James Bond	28
Su familia	29
Un resumen de su vida	35
Ian Fleming	38
Los actores	42
George Lazenby	44
Roger Moore	44
Timothy Dalton	45
Pierce Brosnan	46
Las actrices	48
Entrevista muy personal	51
Opiniones de los fans	60
Cómo me enganché a James Bond	64
Minibiografía aportada por un club de fans	69
Filmografía	73
"Lilacs in the Spring"	75
"Let's Make Up"	75
"No Road Back"	75

	Págs.
"Time Lock"	75
"Ruta infernal"	76
"La frontera del terror"	76
"Brumas de inquietud"	77
"Darby O'Gill and the Little People"	77
"La última noche del Titanic"	78
"La gran aventura de Tarzán"	79
"La ciudad bajo el terror"	80
"Operación Snafu"	81
"El día más largo"	81
"Agente 007 contra el Dr. No"	83
"Desde Rusia con amor	85
"La mujer de paja"	87
"Marnie, la ladrona"	87
"James Bond contra Goldfinger"	88
"The Hill"	91
"Operación Trueno"	92
"Un loco maravilloso"	93
"Sólo se vive dos veces"	94
"Shalako"	96
"Odio en las entrañas"	98
"La tienda roja"	100
"Supergolpe en Manhattan"	100
"Diamantes para la Eternidad"	101
"La ofensa"	103
"Zardoz"	103
"Asesinato en el Oriente Express"	107
"The terrorists"	110
"El viento y el león"	110
"El hombre que pudo reinar"	111
"Robin y Marian"	115
"El árabe"	116

	Págs.
"Un puente lejano"	118
"El primer gran asalto al tren"	118
"Meteoro"	119
"Cuba"	120
"Los héroes del tiempo"	121
"Atmósfera cero"	124
"Objetivo mortal"	126
"Cinco días, un verano"	127
"G'Ole" (1982)	127
"El caballero verde"	128
"Nunca digas nunca jamás"	128
"Los Inmortales"	132
"El nombre de la Rosa"	134
"Los intocables de Elliot Ness"	137
"Más fuerte que el odio"	143
"Memorias de Me"	143
"Indiana Jones y la Última Cruzada"	144
"Negocios de familia"	151
"La caza del Octubre Rojo"	155
"La Casa Rusia"	160
"Robin Hood, Príncipe de los Ladrones"	164
"Los Inmortales II"	167
"Los últimos días del Edén"	169
"Sol Naciente"	172
"Un buen hombre en África"	176
"El Primer Caballero"	179
"Causa Justa"	181
"Dragon Heart"	184
"La Roca"	184

Títulos publicados en esta colección

Elvis Presley

Rita Hayworth

Bette Davis

Tom Cruise

Humphrey Bogart

Brad Pitt

Gene Kelly

Sean Connery

Michelle Pfeiffer

Marlon Brando

James Dean

La Guerra de las Galaxias / Star Treck

Sigourney Weaver

Los Hermanos Marx

Frank Sinatra

Harrison Ford

Woody Allen

Charles Chaplin

Mario Moreno «Cantinflas»

Marilyn Monroe